數風流人物——

梁啟超、徐志摩、陳獨秀、雷震

吳銘能 著

數風流人物

　　近代人物，梁啟超是影響我走上學術研究的支持力量。我嘗自我分析，我會喜愛讀他的文章，不僅僅只是淵博學識，而是有一股靈動飛奔氣象，在字裡行間湧動，使人感受到情感肆放流露，披析妙理之中，潛藏了真情熱淚，能夠達到如此上乘境界，這才是第一流的文筆。

　　文化界名人蔡登山兄過去曾策劃拍過「作家身影」系列片子，親赴學人、作家故居考察參訪，又披沙揀金，勤勉攻讀種種文獻資料，而對於素有專精研究學者，又能不恥下問，其追求文化傳承理想，表露無遺，展現一位有品味修養的現代人。我每每為他找到實現理想，在興趣與事業相結合的踏實生活而高興，所謂「同類相求，同聲相應」，人與人交往就是如此簡單乾脆。

　　近來登山兄邀請數位在文章上較有獨樹風格的讀書人，要把他們發表過的評論文字集結成書，以達雅俗共賞，推廣社會大眾悅樂讀書氛圍，我忝為其中名單之列，不禁有點感想，謹藉此略談一二。我的確很在意撰寫書評，一本新書出版沒有任何評論，只能說寫得不夠好，或者是社會不悅學風氣已然形成，而通常是後者成

分居多，這是很悲哀的。可見讀書不容易。而撰寫評論又談何容易？撰寫書評最大考驗，表述內容如何倒是其次，而在於必要有不怕得罪任何人的心理準備，如此才能放開好好品評一番。

書評風氣，中國由來已久，所謂某人「質木無文」，這就清楚從一個人的寫作風格評價談起，文章風格形成之後，不管寫什麼，總是脫離不了這樣的路數。曹丕曾經評論過當時文人行文風格，說徐幹寫《中論》二十多篇，辭義典雅，自成一家之言，可為傳世不朽，數孔璋章表殊健，但稍嫌繁富，評劉楨五言詩有逸氣，但未能遒勁，論阮瑀書記翩翩，談到王粲辭賦很好，無人能匹敵，可惜氣勢不足。而他最惋惜應瑒才學足以著書，美志不遂，竟短命而逝。曹丕所列舉的這些名家文章，有褒有貶，愛憎分明，毫不矯情。評論文字如此實事求是，才是大快人心，被評者也無話可說。我寫的每一篇書評，儘量做到言之有據，既不吹捧，也不謾罵，完全以學術嚴謹立場行文，李敖的小說創作《上山 上山 愛》是失敗的，雖然銷路很好，沈津的《美國哈佛大學哈佛燕京圖書館中文善本書志》則樹立傳統書志撰寫一個新的里程碑，即使看的人不多，這都是我細讀了他們著作後的評論，沒有半點偏頗或逢迎的情緒在內。當然，這兩篇書評並沒有收在本書內（理由見下段），我只是用來說明我行文獨立性格，是非常堅持與鮮明的。這是毫無商量的餘地。

本來把近十多年來寫的各種書的評論文字集結在一起，已足夠成為一本專談書評的集子，但我想談出一點理論上的〈前言〉，卻苦於沒有成型系統，因此就等以後時機成熟再說。這本小書取名為「數風流人物」，顧名思義，書中人物曾經在歷史上各領風騷一片天，

梁啟超、徐志摩、陳獨秀、雷震

具有重要的地位，人格魅力也足以映照當代而無愧色。從梁啟超、徐志摩、陳獨秀，到雷震，個個人物精采迷人，令人願意與之為友，雖然他們已成為古人久矣。本書為了顧及一般讀者，不能不考量行文流暢易讀，因此把所有繁瑣考據的文字與學院派密密麻麻的註解一概刪除，但並無損於其真實可靠性，讀者如想看到具有學術性的「完璧」，建議參閱大陸版的《歷史的另一角落─檔案文獻與歷史研究》一書，較能夠體現我治學的方法與嚴謹度。

　　北京大學圖書館善本書室提供梁啟超原稿書信，傅斯年圖書館提供外界不易見到的陳獨秀《小學識字教本》油印本原件，這是我非常感謝的！

2006年10月8日自序於成都華西新村寓所

2007年2月26日校稿於台北家中

目錄

數風流人物

  —作者序 ……………………………………… iii

你所不知道的梁啟超 ……………………………… 1

  對傳統醫學的態度 ……………………………… 2

  陰陽五行與風水扶乩 …………………………… 4

  打牌——飲酒抽煙另一嗜好 ………………… 6

  下筆如神之外 …………………………………… 11

  餘論 ……………………………………………… 17

  後記 ……………………………………………… 21

駁斥日本人的謊言

  —梁啟超撰擬對於《順天時報》啟事 .. 27

  〈附錄一〉

  民國十三年八月三日《順天時報》登載

  〈梁啟超也實驗自由戀愛〉原文 …………… 35

  〈附錄二〉

  民國十三年八月四日《順天時報》登載

  〈梁啟超被報紙攻擊之真相〉原文 ………… 36

梁啟超《年譜》被動了手腳 ……………………… 37

梁啟超飲冰室的藏書 ……………………………… 47

  梁啟超飲冰室藏書目錄的編撰始末 ………… 47

  《梁錄》編撰的體例與書籍題跋的類型 …… 58

  《梁錄》書籍題跋與《文集》書籍題跋

  之比較 ………………………………………… 65

《梁錄》對研究梁啟超的價值 68

梁啟超對於蔡松坡身後事的處理 75

梁啟超和他的兒女們 83

　研究梁啟超日常生活有了補白作用 85
　啟發教育兒女的省思 88
　文革對知識份子傷害的縮影 90

梁啟超與徐志摩的交誼 97

徐志摩與張幼儀「伉儷情篤」嗎？ 107

除卻文章無嗜好、世無朋友更淒涼
　　─陳獨秀晚年在江津生活的片段 ... 117

　前言 117
　現行〈實庵自傳〉寫作時日與文字之誤... 119
　《小學識字教本》反映陳獨秀晚年繼續
　未竟之業 123
　《小學識字教本》的寫作過程與出版波折... 126
　《小學識字教本》的易稿情形 137
　後記 139

堂堂溪水出前村 141
　　─雷震案真相大白 141

　雷震案的背景 141
　一樁精心策劃的政治迫害事件 142
　結論 156
　餘論 157

第一章

你所不知道的梁啟超

北京大學圖書館收藏學者名流文稿豐富，稿本現存有一千餘種，堪稱門類齊全，早已為學界重視。在1987年由天津古籍出版社出版了《北京大學圖書館館藏稿本叢書》，其質量精粹，史料價值極高，既有人物事件、典章制度記載，也有語言文學的研究，廣及經史子集各類。1994年秋，筆者負笈北京就學，是年冬季利用課餘閒暇時間飽覽北京大學圖書館善本書室稿本收藏，閱讀有一、二百通梁啟超寫給摯友的書信（有九成以上是寫給寒季常），在仔細拜讀之下，興味濃郁，配合重溫丁文江、趙豐田編撰《梁任公先生年譜長編初稿》（以下簡稱《梁譜》）所引相關材料，始知《梁譜》固然引錄許多書信材料，但也有不少遺漏，於是深入鑽研，揭開許多鮮為人知的逸聞掌故，而在研究過程之中，也引發許多值得深思的問題（詳後討論），其次，透過書信的細覽覃思，使吾人對歷史人物梁啟超的認識，也更加地深入與全面。

後人對梁啟超的研究，大多從其一生所經歷之若干過程談起，於是對梁啟超的印象，就以政治活動、辦報論戰、啟迪民智與學術教育事業是極重要的部分，這些都是眾人所熟知的梁啟超印象，然而，他的私生活後人研究的卻不多見，因此我們所理解的梁啟超就不免有所不足，當然他的門生故舊均作古已久，無從諮詢，其子孫也無甚多印象，是原因之一，而傳統「為賢者諱」的觀念，也往往使人不欲深究，只知其一端，好在書信原件的梳理分析，恰可稍補這個缺漏。

對傳統醫學的態度

　　梁啟超在1923年5月25日於《東方雜誌》發表〈陰陽五行說之來歷〉一文，文章開宗明義即說：

　　陰陽五行說，為二千年來迷信之大本營，直至今日，在社會上猶有莫大勢力，今當辭而闢之，故考其來歷如次。

　　同時也感慨國人：

　　將宇宙間無量無數之物象事理，皆硬分為五類，而以納諸所謂五行者之中，此種詭異之組織，遂二千年蟠踞全國人之心理，且支配全國人之行事，嘻！吾輩生死關係之醫藥，皆此種觀念之產物，吾輩最愛敬之中華民國國旗，是為此種觀念最顯著之表象；他更何論也。

　　如此看來，眾所皆知的傳統醫學，就是陰陽五行觀念所比附的產物，梁啟超頗不以為然。可是，令人難以置信的矛盾，在發表這篇文章之前，梁氏就已經接受中國傳統醫藥的治療，甚至於晚年在全國最

好的西醫醫院（協和醫院）治療下，仍不放棄多次嘗試中國傳統醫藥，而且深信其療效！

他在1918年9月12日給摯友蹇季常的一封信說：

服天如藥日起有功，中秋後當可出遊矣。田村前尚言恐須以藥鍼吸引肋膜中之水，頃乃大訝其瘞痊之速，自今以往，不敢菲薄國醫也。

由此可見他本瞧不起中國傳統醫學，但在試過療效，「大訝其瘞痊之速」之後，就「不敢菲薄」了。

1922年，梁啟超赴濟南、上海、南京等地講學，因勞累過度，且與友人相聚痛飲，大醉而歸。西醫大夫檢查出「心臟稍有異狀」，可是他卻「不覺什麼」，繼續他的講學活動。在12月18日給女兒的信中有「前幾天唐天如先生來，細細診察我身體一番，說的確沒有病」的話。

1924年梁夫人罹患乳癌酷疾，也曾嘗試以中國傳統醫藥治療。

1926年2月，梁啟超因血尿入德國

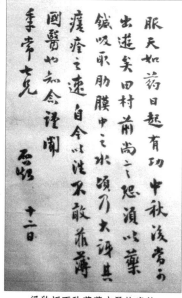

梁啟超不敢菲薄中醫的療效

醫院醫治，3月轉進協和醫院診療，大夫誤割去右腎乙枚，仍未查出病源，便血依舊，社會輿論頗不諒解，梁啟超也以為的確可以不必動手術。於是他改服中藥，也收到一時之療效，令他很有信心。往後病情時好時壞，迭次進出醫院，但他對中國傳統醫藥的療效，是篤信不疑的，由他建議朋友請中醫大夫看診，以及他醫治的資料，均可見其端倪。

由以上材料，吾人可知梁啟超既相信西醫療效，但在西醫無法治療痼疾之際，他並不排斥看診中醫，由他與夫人的治療過程，即是例證。這點與魯迅大肆抨擊中醫，進而否定傳統的態度，可說是大異其趣。

陰陽五行與風水扶乩

既然以「陰陽五行說，為二千年迷信之大本營」，尋此邏輯，對於堪輿家以陰陽五行談所謂的「風水」，梁啟超應該不會太相信才對，可是事實不然，他不但相信「風水」之說，更可怪者，他居然也相信扶乩，而且躬身嘗試行之。如梁夫人病危之際，梁啟超對於墳地之選擇可是大費周章，由下封他給蹇季常的信則知：

有一事欲奉商，昨行忘卻，今補述。

湯家所訂購之墳地內舊碑，前欲購取，公言不便，誠然，湯家地不買此碑，故必令其遷出，亦屬正當辦法，但默記賣主亦恐有為難之處，或致不成。今頗思以吾所新購之臥佛寺旁地與湯家互易。臥佛地本不惡（原右旁小字注：有堪輿家言甚佳），其所不逮此地者，

則缺樹木及此碑也，請一商四嫂，若願相讓，則補價互易（原右旁小字注：賤地地價相若，惟歐數較少），但不必勉強，若四嫂感覺有一毫不便，則置之。

若四嫂有意，則告仲策陪四嫂往臥佛一看，又告策一看此地。

對於夫人病情無法根治，梁啟超早已心裏有數，所以尋覓臥佛寺旁預作墳塋的土地，相信堪輿家說風水甚佳，但他希望能有一塊大舊碑，故有此互易的念頭。今日梁家墓園位於北京近郊臥佛寺旁，墓園舊碑聳立，正是易地未成，花大筆金錢購得。

梁夫人在1924年9月過世，停屍廣惠寺，在居喪期間，他給女兒的信提到扶乩的情形：

去北戴河時，我原想寫一靈位，請去朝夕上食，扶乩說不必，那四十天也沒有去上食了。想在我常常扶乩，每燒香後一兩分鐘便到了（原注：昨日中元別供水果而已），也不必用此具文了，你們意為何如。

梁夫人入土安葬擇日，他也相信所謂的「黃道吉日」，於是把原擬定夫人葬期往前挪移。

以上這些舉動，是我們很難想像竟是出自於寫出〈陰陽五行說之來歷〉文章以抨擊迷信的梁啟超，因為他們實在太不相稱了。

打牌──飲酒抽煙另一嗜好

梁啟超1921年8月6日在南京東南大學為暑期學校學員講演「學問之趣味」，強調做學問當培養出趣味出來，生活才會覺得有價值，

殘臘閒畫嚴扉百事不使與有
目接同舍生各有所適儔夕相
辛去余獨占一室：中養海棠
二蝶拖二紅白梅各一水仙心
他二卉不知名荼頭舉籍畫
東惟置玉溪生集誦其近體

梁啟超自斟葡萄酒誦讀李商隱詩（一）

並以自己的經歷勉勵大家。在這場講演中，他有一段話說得極為痛快：

中國人見面最喜歡用的一句話「近來作何消遣」，這句話我聽著便討厭。話裏的意思，好像生活得不耐煩了，幾十年日子沒有法子過，勉強找些事情來消他遣他，一個人若生活於這種狀態下，我勸他不如早日投海。

接著他又把「趣味」下一個注腳：

凡一件事做下去不會生出和趣味相反的結果的，這件事便可以為趣味的主體。賭錢趣味嗎？輸了怎麼樣？吃酒趣味嗎？病了怎麼樣？（中略）諸如此類，雖然在短時間內像有趣味，結果會鬧到俗語說的「沒趣一齊來」，所以我們不能承認他是趣味。

然而，梁啟超自己又是如何呢？由他給賽季常的一封信，吾人赫然發現首句正是「日來作何消遣」。

飲酒、抽煙及打牌，是梁啟超極重要的休閒生活，飲酒到大醉而歸，是屢見不鮮的。打牌一次十幾二十圈是常有

之事。

根據資料，梁啟超有一段時間，每週必定要和朋友打牌，而且興致極為濃郁，不下於飲酒、抽煙與寫文章。他自承「五塊錢一底的麻雀，每禮拜總要打一、兩場」。由他給朋友的信件中，屢屢出現呼朋引伴共約打牌的話：

昨天乘汽車，遵馬路入京，攜有新牌一副，欲即試之，望告文伯約人。

另外一封信也有類似的話：

昨日守戒，今日宜為例戰，已約印鬐先來讀碑，以餘日講武，公宜必至，並盼代約慕蓮也。

「例戰」，即是照往常打牌也。

再一封信也是如此：

滬函已發，決星期六入都小聚，星期一返津，請準備戰地，並告舍弟。

「準備戰地」，即是準備打牌的場地也。其他的信件中，除了談正事之餘，也不忘附提打牌。如有一封信結尾說：

梁啟超自斟葡萄酒誦讀李商隱詩（二）

梁啟超寫信約人打牌

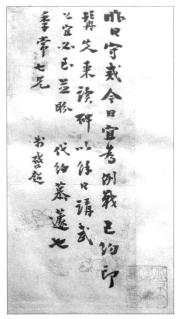

「昨日守戒，今日宜為例戰」，梁啟超打牌興致極高。

「請準備戰地」，梁啟超要在牌桌上大展身手。

在都小住，並往西山厚生處作數日酣戰，公有興耶？

「作數日酣戰」，即是放輕鬆好好大打幾天牌的意思。

如此喜歡打牌，在牌桌上除了聯絡感情之外，對於緊張的政治活動、忙碌的學術演講以及文債稿約，自然可以暫得心情一時的抒解。

而最難過的，莫過於沒有及時約上牌友。他在一封信起首即流露沮喪的心情：

前星期六入城，一人不見，廢然而返。

有了如此不見牌友的失望經驗後，在相約打牌時，自然不避繁冗地將各種可能情況及時間講清楚，也就可以理解了。所以接著說：

本星期六陳師曾面約往女高師講演，惟聞是日各校全體學生皆有助賑服務，恐師曾或未知之，請用電話一詢（原右小字注：因不知師曾住址，不能直接往詢），若無更動，當以是日午飯後入城，講演畢，即從公等遊。（原

右小字注：請籌備）若有更動，星期日
乃來矣。正作書至此，得溯初書，言
星期日下午二時約在彼處，想公已知
耶？

「即從公等遊」之「遊」字，原信
件特在右旁畫兩個小圈圈，並書「請籌
備」三字，其意義外人自然無從索解，
但對多年牌友而言，可要心領神會，一
切盡在不言中矣！

另一封信也是以外人不易明白的文
字邀約牌友：

此星期決不下山，甚盼星六能踐
約，春秋佳日易過，一往便當賦，苦
熱行矣。

「踐約」，其意同於前述之
「遊」，即打牌也。再則，有一信之結
尾附語是如此寫的：

罷戰數日，改埋頭著述矣。

「罷戰」，即停戰，就是不打牌的
意思。

綜覽言之，梁啟超邀約熟朋友
打牌，用了「宜為例戰」、「準備戰
地」、「作數日酣戰」、「踐約」等隱

梁啟超致友「踐約」打牌

語，是彼此之間自然而然形成的默契，不必太多的言語，已表達完足的意思。若非極熟朋友，豈能明白其中深意耶？

然而，他給子女寫信，就不會用如此暗寓的隱語。根據《梁譜》，梁啟超自1922年下半年赴南京、上海等地講學，因過度勞累，老友陳三立請吃飯，開了五十年陳年老酒相與痛飲，大醉而歸，大夫檢查出心肌稍有異狀，次年（1923年）只好謝絕各種邀稿及演講，登報養病三個月。在給子女的信件有這樣的話：

> 回家後打算幾個月戒講演了，打算專門寫字和打牌。

從此之後，他給子女的信有「一連打了三日三夜的牌」以及「打了二十多圈牌」的話。1923年5月11日給女兒的信提到寫作及打牌的情形：

> 我昨日已返西山著我的書了。今晨天才亮便已起，現在是早上九點鐘，我已成了二千多字，等一會蹇七叔們要來（原注：今日禮拜六）和我打牌了。

梁啟超的健康狀況變壞之後，他的親友開始勸告他減少奔波及用腦。暑假他總要到近郊北戴河避暑療養，有時也回天津或北京與朋友聚聚，除了寫作之外，（其妾王桂荃經常阻止他寫作太勞），打牌是最主要的消遣。

所以，梁啟超除了臨摹碑帖、寫文章、抽煙、喝酒（此二項因慮及健康，晚年已戒）之外，打牌是他休閒生活中極重要的部分。許多人說他晚年已把消耗光陰的打牌習慣戒除掉，由上述大量書信觀之，是不符合事實的；何況在牌桌上，與好友縱談時局大事與發抒寫作心得，對梁氏未必是消耗光陰，反倒是有益於健康與文思。

下筆如神之外

梁啟超寫文章極快，有著述的狂熱，才思敏捷，往往下筆如行雲流水而不能自休。最著名的例子，是他的《清代學術概論》本是為蔣方震之書作序，但「既而下筆不能自休，遂成數萬言，篇幅幾與原書埒，天下古今固無此等序文，脫稿後，只得對於蔣書宣告獨立矣」（原書自序），於是回頭請原作者另作一篇序，成為近代學界罕見趣談。

其次，他許多文章是一鼓作氣之下完成的，因此連續工作三、四十個鐘點也是常有之事，因為他在提筆著述過程之中，往往能陶醉其中，筆端融入情感，獲得許多的樂趣。但是，他並不是每次寫文章都能得心應手，尤其在各種政治活動及演講忙碌干擾下，也有為人背後所不知的苦悶。如民國剛建立，元年九月梁啟超自日本歸國，結束了十餘年（1898~1912年）的海外流亡生活。民國二年國內政黨林立，政局詭譎複雜，瞬息萬變，他除了忙碌政黨活動外，又

梁啟超百忙之中仍不忘閱讀日文書刊，「望月小太郎著《獨逸之現勢》即購寄一部」。

「不知前身造何惡業，今世乃墮落為中國政治家」，梁啟超對民國亂象深惡痛絕。

要草擬文稿，大有難以承受之苦。他寫給女兒的信，有如此的話：

今日又瞎忙了一日，自早起至今，未嘗一刻斷客，頃已一時半矣，乃須埋頭作文，精神憊倦已極，從何作起，而所立須作者，乃新黨之宣言書也，真苦極矣。

其後國會選舉，他所組織的政黨敗給國民黨，加以目睹種種社會腐敗的現象，他的心情極為消沉：

吾黨敗矣，吾心力俱瘁，無如此社會何，吾甚悔吾歸也。吾復有他種刺心之事，不能為汝告者，我的心緒惡極，仍不能不作報中文字，為苦乃不可狀，執筆兩小時，乃不成一字，頃天將曙，兀兀枯坐而已。

因此，忙碌的生活固然使他無法從容撰文，而心情的惡劣，才是影響寫作的因素。對才華橫溢、能夠在一夜之間寫出五千言大文章如梁啟超者，讀者早已是有「快手」的印象，如今竟然是「執筆兩小時，乃不成一字」，恐怕是任何人意想不到的！

民國四年袁世凱擬進行稱帝，梁啟超在七月被推定為憲法起草委員，當時國事動盪不安，他的心境受到衝擊極大。由八月二十二日給女兒的信中提到他自己的感受：

昨日覺頓來，今日柳溪來，備述都中近況，稍可安心，吾此後擬仍出席於起草會，若不出席反有嫌疑，大約此半年中可望無他異動，過此以往，再圖補救耳。此會或亦有關係，星期五吾當一入京也，或再遲一星期乃來亦未定。迴廊獨坐，明月親人，茲景佳絕，恨汝不來共此。吾旬日來寫字極多，文思依然澀滯，受外界牽迫，心緒至不寧謐，可恨也！

此信《梁譜》引錄不全，係依照《梁啟超未刊書信手迹》一八〇號全文，所謂「文思依然澀滯，受外界牽迫，心緒至不寧謐，可恨也」，更直接說明外界干擾對他文思所造成的不利影響，他是頗引以為苦惱的。

他最大的一次打擊，是夫人長期臥病在床，沈綿半年，卒以不起，影響他

梁啟超講學之餘，仍無法忘情政治活動。

梁啟超以為刺殺宋教仁之兇手，
為同盟會人自屠。

夫人重病，梁啟超打算暫停校課。

原本元氣淋漓、活活潑潑的朝氣生活。
有一封信可以透露此個中消息：

> 內子病頗劇，醫有難色，心緒惡
> 劣之至，日內或再入京，校課擬暫停
> 矣。知念奉聞。敬上

> 　　季　常　　　啟超　　　十八日

此信《梁譜》未收錄，日期僅書
「十八日」，推測當寫於民國十三年八
月十八日，因為梁夫人逝世於九月十三
日。在同年九月五日寫給商務印書館張
元濟及高夢旦的信，也有類似的話：

> 內子病瀕危，心緒不寧，不能執
> 筆為館效力，致歉，致歉，並希鑒
> 原。

對於課堂講學與撰寫文章保持有
濃厚「趣味主義」的梁啟超，竟然打算
把學校課程暫停，也無法為老友撰寫文
稿，其內心沉痛，精神頓失依靠，是
不言可喻的，所以這一段時期可以說是
著述的低潮期。他在十二月三日為《晨
報》紀念增刊所寫〈苦痛中的小玩意
兒〉一文，有一段清楚表白：

> 《晨報》每年紀念增刊，我照例

有篇文字，今年真要交白卷了。因為我今年受環境的酷待，情緒十分無俚，我的夫人從燈節起臥病半年，到中秋日奄然化去，他的病極人間未有之痛苦，自初發時醫生便已宣告不治，半年以來，耳所觸的，只有病人的呻吟，目所接的，只有兒女的涕淚。喪事初了，愛子遠行，中間還夾著群盜相噬，變亂如麻，風雪蔽天，生人道盡，塊然獨坐，幾不知人間何世。唉！哀樂之感，凡在有情，其誰能免？平日意態活潑，興會淋漓的我，這回也嗒然氣盡了。提筆屬文，非等幾個月後，心上的創痛平復，不敢作此想。《晨報》記者索我的文比催租還兇狠，我沒有法兒對付，只有撒個爛汙，寫這篇沒有價值的東西給他。

這可謂是實然寫照，也是梁氏極為罕見的沮喪語。

此外，他為文或有相關知識不足，或生澀不暢，無大把握，有時也頗有自知之明，文稿完成後，還是要請好友提提意見，以為修改之參考。如給徐佛蘇的信說：

弟日來作〈中國法理學發達史論〉一篇，約六、七萬字，已成過半，又作〈中國成文法編制之沿革得失〉一篇，……惟弟於法律上智識極幼稚，其中必多不中肯綮之言，甚或偽謬，亦所不免，彼文將來欲以印單行本……不願草率以貽誤學人，欲乞公於閱報時，加以批評於眉端，或賜糾正，欲賜發明……俾再印時改正，感且不朽。

給林宰平的信也有類似的話：

十年不作詩，生澀殊甚，望公細為推敲，並評其長短得失，俾成完璧，並日早擲復，俾得速寫，至盼。

當然，他請朋友提意見修飾文稿，絕對不是虛應故事的門面客套

15

話，而是真能躬自實行也。以下兩篇材料可以證明。其一是他給蹇季常的信：

希陶、亮才函呈閱。昨又一夜未睡成此文，公謂何如？若無甚語病（原左小字注：太露骨否），請即交來，俾早車帶去，若認不可發，或須改，請即來此一商，頃方就榻，公來當為公起耳。

此信未標日期，《梁譜》也未收錄，不知何所指。但由原件可以清楚看出「請即來此一商」之「即」字，右側特書三小圈圈，顯然「此文」非常重要，梁氏急欲好友先看看提點意見，但又一夜目不交睫，趕寫文稿，在疲憊之餘，只好勞駕好友多費神了。把知己好友相互理解之深厚情誼，完全表露出來，同時也顯映其謙沖為懷的寫作態度。其二是〈梁啟超對於順天時報啟事〉的草稿，在《飲冰室文集》及《梁譜》均未收錄此文，由其至友蹇季常在草稿之末加了按語，可知這篇稿子始終沒有發表。蹇氏的按語是這樣的：

此稿無聊之極，我扣留未登報，亦保全其名譽之一，若家子弟知之否？季。

《順天時報》是當時在北京比較風行的報紙，係日本人所辦的漢文報，由梁啟超這篇〈啟事〉的內容來看，大抵是駁斥日本人對他捏造謊言（其始末，吾另有專文探討，詳見本書〈駁斥日本人的謊言：梁啟超撰擬對於《順天時報》啟事〉），其友以為不妥，「扣留未登報」，也許有當時的種種考慮，可暫不論，但當時沒有發表，未嘗不是好友先睹為快的結果？而如今輾轉經過七十餘年之後，重現天日，足徵當時朋友相互愛護之誼，在今日重商輕義之社會，尤彌珍貴。

餘論

　　透過許許多多書信原件的閱讀，使吾人對梁啟超的私生活及思想有了更加深刻的理解，與學術講演所呈現的梁啟超是迥然不同的，學術上的梁啟超抨擊傳統陰陽五行說為二千年來迷信之大本營，傳統醫學就是此種觀念延伸的產物。他也以為打牌賭錢及喝酒不能稱為趣味，因為最終的結果會沒趣一起來。然而私生活的梁啟超究竟是如何呢？大量的書信告訴我們，他原先排斥傳統醫學，但在試過有療效之後，就一直相信，甚至有西醫無效、中醫可能有效的觀念，他及夫人的治療過程就是活生生的例證；其次，他迷信風水、扶乩和擇日，沒有這些書信原件，豈可知乎？再則，他文筆洗煉流暢，創作質量驚人，風靡文壇數十年，而他也有文思窘困枯竭、江郎才盡的時候。他嗜好打牌，尤其晚年，不管是在忙碌講學或療疾修養，總是要邀好友「酣戰」或「小戰」一番。這些鮮為人知或根本不為人所接受的形象，如今終於大白於人世。

　　上海戲劇學院院長余秋雨教授曾說他最喜歡王羲之父子的傳本法帖，「大多數是生活便條，只是為了一件瑣事，提筆信手塗了幾句，完全不是為了讓人珍藏和懸掛。今天看來，用這樣美妙絕倫的字寫便條實在是太奢侈了，而在他們卻是再自然不過的事情」，我不知道梁啟超信手寫來的便條或信件，是否「完全不是為了讓人珍藏和懸掛」？但他的字體的確稱得上是「美妙絕倫」。尤其他對信紙的選擇及設計極為考究，而且樣式很多。如今經過數十年的歲月淘洗，那一手龍飛鳳舞、墨色光亮的毛筆字，書寫在頗有特色的宣紙信箋上，

仍然凜凜猶生，令人愛不釋手，簡直就是一幅又一幅精美絕倫的藝術品。我記不清多少次冒著寒冬，一早即到善本書室，小心翼翼的欣賞兩大巨冊裝潢保存完好的梁啟超真跡，有章草、有隸體，也有行書，都寫得很具功力，瀟灑而書卷味十足，洵為寒冬中一大享受！

我在仔細觀照之餘，曾經企圖尋找「一種包括書寫者、接受者和無數相類似的文人們在內的整個文化人格氣韻」，是否能就在「這短短的便條中洩漏無遺」？意外的發現，民國十三年他在湯山養病期間，對當地的水質並不滿意，理由只因為不好研墨。他給蹇季常的信說：

此間水不適研墨，所書殊有怪色。

我怎麼看，也看不出「怪色」在那裏？因為我覺得這寥寥幾筆行草毛筆字寫得漂亮極了，和其他封信一樣好看。也許是我的道行不夠，看不出其中的玄機，而書法能夠講到「色彩」的境界，這已經是「由技入道」的層次了，臻於化境！後來我找到了他給女兒的信，其中有一段話：

我新造這些信箋信封，你說好不好？本來不打算寫信，就是專為試新，才寫這兩張。

此時，我才恍然大悟，原來我所看到的每張皆可當作藝術品欣賞的信箋，梁氏真是頗為用心經營，一絲不苟。像他如此忙碌的人，不使用鋼筆或圓珠筆，也不用現成的墨汁，但要講究水質純淨，用上好的墨塊耗時研磨，然後再書寫在精心設計的信箋上，如此一來，一種文化品味與學者的氣質，完全在寫信中展現開來。而表現這種從容優雅態度之生活，似乎離我們漸行漸遠，已在二十一世紀的今日成為難

以掩飾的空虛與落寞！

幾度核對《梁譜》，心中既充實且
愉悅，但也有許多難解的疑團盤旋著。
丁文江、趙豐田在編纂《梁譜》時，動
用了大量的遺札和家信，據胡適說「總
計大概有一萬封之多」，「請任公的朋
友把書札真跡借給梁家抄副本或照相片
送給梁家」，「但其中引用的信件，或
任公先生的詩文，或他種文件，都是剪
貼的晒藍本，當初編纂的計劃必定是把
準備引用的傳記資料，如信札及他種文
件，一概都用晒藍複寫，以便剪下來分
黏在各種稿本裏」，我的疑問，既然是
「一概都用晒藍複寫，以便剪下來分黏
在各種稿本裏」，何以有的信札，現本
《梁譜》有收錄，有的卻未收錄？合理
的推測，原因有兩種可能，一是並非所
有借來的準備引用的晒藍資料，概都剪
裁黏貼，必定是有所取捨，所以如〈梁
啟超對於順天時報啟事〉之類的文稿就
沒有收錄；另一種可能，現在所見原件
也許當時未被發現，而是《梁譜》初
稿完成後才被發現，不及再補抄入。然

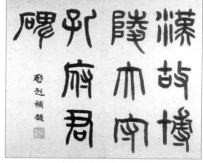

梁啟超書法古樸凝重

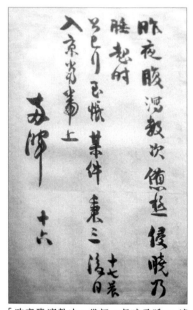

「昨夜腹瀉數次，憊極，侵曉乃睡」，這是極罕見的梁啟超自白。

而，有收錄在現本《梁譜》，拿原件核對，有文字明顯錯誤或脫漏者，而且比例不低，顯然是在排版鉛印字，校勘不仔細所致。胡適又說「因為文件是晒藍剪黏的，故偶有模糊不能辨認的字」。今翻檢全本《梁譜》，確有許多模糊不能辨認的字，以空格框框（□）表示之，即此可知，《梁譜》初稿沒有再核對原件。也許原件在晒藍剪貼之際，早已歸還給原件收藏者，以致這項工作沒法進行。

過去史學家對於歷史名人的研究，往往取其大以評論其得失短長，至於其細微瑣事，以為「無關宏旨」，也就無暇措意或興趣缺乏，此本無可厚非，難以求全。但是如有相當充分條件，應該儘量做到巨細靡遺，方能一窺全豹。學者研究梁啟超迄今累積不下數十家，然而真能將梁氏這一個有血有肉、真情至性的人物描繪得真切，幾家能夠呢？後世學者皆知梁氏思想善變與性格複雜的多面性特質，而由上述書信顯示，的確超乎吾人所能想像；本文寫作的意義，

就是要提出一個觀念，即是書信原跡筆觸不經意所反映一個人內心深處最細微、最錯綜複雜的思緒，在後人編纂文集中是不易顯見的，同時也最被忽略，唯有深入其間反覆模擬想像彼時環境氛圍，體會作者悲、欣、愁、嗔等情感，企圖使「場景再現」，透過書信原件的「抽絲剝繭」，其文獻價值自然彰顯。

後記

在閱讀梁啟超原稿書信的過程中，曾經以之校勘臺北世界書局出版的《梁任公先生年譜長編初稿》（以下簡稱《梁譜》），寫下近百條校勘記，並將初稿心得以論文形式提交1995年10月在貴陽召開的「貴州文化與傳統文化國際學術研討會暨中國歷史文獻研究會第十六屆年會」發表，可惜沒見該年會出版論文集，事隔多年後，我只恐無人知曉，心血白費。1994年11月北京中華書局出版了《梁啟超未刊書信手跡》，直至梁從誠先生向我提到有這套書信出版，1996年春初才在海澱書城購得，寫成一篇書評在《北京大學學報》發表，我意猶未盡，再校勘舊作，並補充了許多觀點，整理成現在的樣子。本來1986年8月上海人民出版社出版了《梁譜》，就是在丁文江、趙豐田初稿的基礎上，增列梁啟超生前許多好友與親屬批註意見以及後來發現相關信札，因此材料更為豐富，校對也較仔細，如此一來，台北世界書局出版的《梁譜》相對就失去了價值，我這一百五十四條校勘記，正是要說明這一點，同時也為我從事梁啟超研究留下了一點努力記錄。

這篇文章寫來極為曲折，投注不少情感，有我學思歷程片斷，有必要一提。

1993年春天，初次踏入中國大陸，對於成長與就學在寶島的青年而言，這一葉「秋海棠」是教科書留下印象的實地遊歷，內心真有無限激動，難以言喻。先是得知冰心老人珍藏有梁啟超輯龔定庵詩句親筆對聯──「世事滄桑心事定　胸中海嶽夢中飛」，可惜無緣一睹，寫下一篇短文吟歎，算是抒發仰慕之情吧！

拜訪梁啟超住在北京的後代子孫，他們告訴我文革時期紅衛兵銷毀不少資料，家屬留下些微紀念文件書稿，也絕大多數蕩然無存，只有些許家書照片僥倖留下，供後世緬懷而已！

不過在1993年4月23日拜訪當時北大圖書館館長莊守經先生，有了一項重大的發現，我有記載日記習慣，現照錄如下：「上午九時到北大圖書館找莊守經館長。莊館長得知我的要求後，立即找人幫我尋資料。岳仁堂老師在文科資料室帶我看普通資料，並不能滿足我的需要，於是帶我到善本室，我再次看到梁啟超給蹇季常的書信原稿。由於梁書法具功力，加以裝裱精美，在拜讀之餘，除領略梁之真情流露外，也欣賞了珍貴藝術品：這是用精緻宣紙寫成的，每封信長則數百字，短則二、三十字，每封信具見梁完成一幅又一幅藝術品，他的字極雄俊秀美，有股飛揚飄灑韻氣，在濃淡相間墨跡中，尤顯筆力萬鈞，氣概不凡！他的便箋有自己設計者，旁有浮水印『飲冰室用牋』，也有買現成有圖畫為底之宣紙者，也有臨時應急找來便條者，都是以毛筆字書寫，具為行草，分外好看，使人愛不釋手。由於他書寫沒有固定用何種宣紙，可以顯見他時間匆促，立揮而就，但卻封封

具可觀性，也可見其才思不凡。我在上午及下午欣賞至管理員欲關門才不捨歸來。嘗想：我是幸運的，能一親睹心目中心儀歷史人物之手跡，能如此自由而翻閱抄錄，彷彿七十多年前梁之心情重新感受」，以上文字頗多複沓贅語，除了「具為行草」有誤外，由今觀之，保存我當時內心真正的感動，確是極為寫實！

其後入學北大古文獻研究所，想起過去在北大善本書室發現梁啟超書信原稿，竟能裝潢保存完好如新，在欣喜過望之餘，透過導師孫欽善先生的介紹，以及善本書室張玉範教授的關愛，提供我閱讀原稿的方便，並同意我帶《梁譜》進入善本書室與原稿校對，這種優待與禮遇，使我感激莫名。初稿完成後，因嘗試提出許多新觀點，本無太大把握，沒想到初稿提交1995年10月在貴陽召開中國歷史文獻年會發表，承蒙許多學者謬加讚賞，不由信心大增。

趁赴貴陽開會之便，首途天津梁啟超飲冰室故居參訪，其堂廡森森，外觀氣象宏大，曾是一代文豪住居處所，令人仰之彌高！遠望紅磚建築挺拔固實，景色依舊，但居然因經費拮据而無力修繕，聽任內部斑駁損毀，雜什之物橫豎倒仆廊間，昔日文苑英華藏書數萬冊圖籍，飲冰室主人在此完成多少擲地有聲篇章，而今蕭條寂寥，淪落猶如大雜院般，今昔滄桑之感頓時油然而生，此番情懷已無關風花雪月了！

到了廣東新會茶坑梁啟超家鄉，其原址已整修為紀念館，新會陳占標先生以古稀之年、視網膜不佳情況下，把持手電筒，拖著蹣跚小步，僅先前數封書信往返，卻堅持陪我全程參觀，又將日本學者寄贈資料複件見貽，這種愛護晚輩惜才之情，是我永遠難忘的！

梁家墓園位在北京近郊植物園內臥佛寺旁，松木環繞，鬱鬱蒼蒼，一代學者梁啟超先生即長眠於此。我三次來到墓園憑弔，曾見墳塚墓碑前有祭拜鮮花有序地留置在台座，無法知曉是否梁家後人或門生故舊。當我把這塊「風水寶地」的來龍去脈弄清楚之後，不由產生困惑：中國新民先驅喪命在西醫手中，又曾寫文章抨擊陰陽五行學說，在夫人病危之際，卻不能免俗地請堪輿家看風水，一個人的思想豈是這麼容易被瞭解？光憑藉書面資料能真確地反映一個「完整的人物性情」嗎？但除了憑藉書面資料以外，我們後人研究歷史又有何其他憑藉可供佐證？人們常說梁氏善變，但往往說得不是不夠真契，就是彷彿有點苛責意味，以為他不該如此「流質多變」，這是以後人的眼光來評說彼時，未必就是歷史真相，也難免有招致「事後諸葛亮」之譏。

而我到底瞭解他多少？我怎麼知道我是沒有偏頗地真正瞭解他呢？事實上，在爬梳清理史料過程中，當思慮逐

1995年10月17日作者首次到廣東新會梁啟超故居。

漸沉澱澄清之際，平心靜氣想來，我
是使用心中一把尺來衡量這個人，我
怎知道是不是個人偏見或情感因素糾葛
其間呢？我怎麼又能知道我說得完全真
契呢？讀到北京中華書局出版《梁啟超
未刊書信手跡》，原跡留真照相印刷，
讀來興味淋漓，我再次進入善本書室
摩挲原件，感受原件質感與印刷物之間
有何不同？而這是否影響到我的心情與
判斷？我無法確知。我可以肯定對書法
筆墨臨摹用情愈深，整個思緒涉入，心
境的確受原件不經意筆觸神采所左右。
這種微妙感覺，是不易以言語形容的。
於是我領會到人文領域研究，的確需要
費盡心思，沒有情感，沒有揣摩想像，
如何深入最核心之處而有所心得？今
人強調研究物件的客觀性，又豈只是資
料堆砌而已！發現原件來歷不明，不知
何人何時捐存於北大，對於文獻在歲月
淘洗與戰亂之中能僥存一二，我有極大
感慨，幾度梳理舊作，詳加校勘文字，
化作文化情懷的一部分，留待他年說夢
痕。

作者在梁啟超新會故居大廳內徘徊良久

承《書目季刊》主編陳仕華先生厚愛，願意將這篇習作文稿刊載，本人表示萬分感謝。

　　想起五年前寒冬在北京，雪花紛飛，外面呼呼風嘯，窗櫺乒乓作響，室內則暖氣通適，靜坐案前，一頁一頁展讀原件，見到心儀已久的大師墨寶，一連興奮了好幾天，不能自已，有時酣睡夢中還以為身在善本室呢！這是筆者北京就學經驗值得回憶的一頁，是充實而愉悅的。

　　又本文發表之後，曾寄送日本京都大學人文研分館狹間直樹教授指正，今摘錄來函要點如後，並感謝狹間教授的提示：《書目季刊》一文對我有很大的啟發。您的認真學風，十分發揮。所說的「思想善變」，有可能您發現了京大即將出版論文集《梁啟超・明治日本・西方》注意的若干側面，可是「性格複雜」，注意得很不夠。蹇念益是研究梁啟超的重要人物。但是，我們知道的有關資料很少。只知道《花隨人聖盦摭憶》裏的陳叔通〈墓誌銘〉和林宰平〈墓表〉等。

第二章

駁斥日本人的謊言

——梁啟超撰擬對於《順天時報》啟事

北京大學圖書館善本室收藏名人書札、日記、文稿，數量豐富，且多數未曾發表，史料價值自不待言，過去天津古籍出版社曾出版發行過一部分，但老實說，不過是鼎中一臠而已，未足以反映其精萃。

筆者在北大善本室讀到一篇梁啟超所寫的文稿，由於是梁氏的親筆手跡，而且未見於現存《飲冰室合集》，顯然未曾公布發表，透過這一篇文字的整理與解讀，使吾人更明白其人名滿天下，稱譽有之，謠喙亦隨之的一個縮影，同時也反映了民國政局的多變詭異、光怪陸離之現象，以及他個人私生活的一個側面，因此這篇文稿的史料價值也就很顯然了。

原稿題目為〈梁啟超對於順天時報啟事〉，現在原文引錄並釋介如下：

我不知因什麼事得罪了日本人所開的《順天時報》，無端接二連三跟我開起玩笑來！

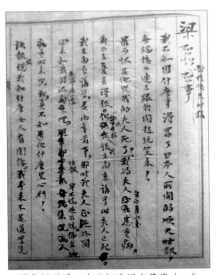

梁啟超駁斥日本人捏造謊言草稿（一）

　　最可恨是他咒我的夫人死了！我的夫人自正月以來患重病，我正在憂關得很。但該報說我在南京講學時夫人已死。我在南京講學，是兩年前事，那時我夫人正從外國回來和我在寧、滬一帶同游哩。該報早不說晚不說，偏在她病重時來咒我，真不知道他什麼心肝！

　　案：《順天時報》是民國初年間在北京由日本人所創辦的報紙，也是北京政權袁世凱公餘專看的報紙，可見此報在北京政界具有一定的影響力。據丁文江、趙豐田所編《梁任公先生年譜長編初稿》（以下簡稱《梁譜》），梁啟超自民國十一年八月起至南京、上海、蘇州等地講學，迄於民國十二年元月中旬因病始返津寓所，前後共約有半年之久，「我在南京講學，是兩年前事」一語，當是指這個時期；由此可知，此篇〈啟事〉自當寫於民國十三年，至於在哪月，詳後考證。另梁夫人患重病時，梁啟超曾將學校講學及摯友稿約一律都暫停，這對於有著述狂熱的梁氏而言，

是件極重大的決定，可見他內心的哀痛
了。所以，他說「我的夫人自正月以
來患重病，我正在憂關得很」，可是
實然寫照。而「該報早不說晚不說，偏
在她重病時來咒我，真不知道他什麼黑
心肝！」一語，梁氏之憤怒在此溢於言
表，也就可以理解了。

　　該報又說我和什麼女人有關係。
我本來不是什麼道學先生，並不是
『生平不二色』。最可怪者，他所說
那女人的名字，我就根本不知道世間
上有這個人！

　　案：梁氏本是情感豐沛的人，由
他在夏威夷與華僑女子何惠珍相戀之浪
漫情懷及納王桂荃為妾，即可知他並不
諱言其鍾愛女子的情愫，所以他說他
「並不是生平不二色」。至於《順天
時報》到底說什麼緋聞，令梁啟超如此
憤怒呢？前既認定此〈啟事〉當寫於民
國十三年，循此線索，筆者不憚其煩的
找到當年八月三日的《順天時報》，在
第七版有篇攻擊梁啟超的報導，詳讀其
文，正是指此事，其標題曰〈梁啟超也

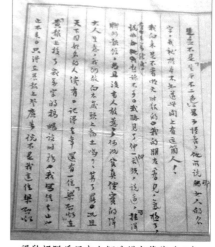

梁啟超駁斥日本人捏造謊言草稿（二）

實驗自由戀愛〉，為使讀者明瞭其攻擊梁氏之具體內容，有必要將此日的報導別書〈附錄一〉於文末，以供參閱。至此，吾人可以進一步明確啟事當寫於民國十三年八月。

我向來是不看《順天時報》的。我的朋友看見了，氣急了，存來寄給我，說非起訴不可。我聽見了伸一伸舌頭，說道，『掛洋牌的報館，尚且沒有人敢惹了，何況貨真價實的洋大人生意，我們敢向太歲頭上動土嗎？算了罷。況且天下同姓名的人盡有。記得去年還有一位『梁啟超』在《黃報》上投了幾萬字的稿暢談時務，我寫信去止也止不來，只得在《晨報》上登廣告說不是我這個梁啟超做的罷了。』

案：既已確認啟事寫於民國十三年八月，此言去年《黃報》及《晨報》事，時間當時民國十二年，筆者仍嘗試查閱當年之《晨報》，果然在五月五日《晨報》第二版有一則〈梁啟超啟事〉，其文曰：

方才聽說這幾天《黃報》登有一篇研究直奉關係的文字署名梁啟超的，真是詫異極了！也許《黃報》的記者竟是奇巧的與我同姓同名，但在現今這樣無奇不有的社會裏，什麼事都發現，所以我想對於那篇署名梁啟超的大文，應得有個聲明：要聲明的是我——廣東新會的梁啟超——絕對不是那篇文字的作者；我近年不做研究現實政局的文字；我從來未曾有投稿《黃報》的榮幸。我也已有信給《黃報》的主筆，請聲明那篇文字的來源，若然是有人故意借用我的名字，我只有請《黃報》的主筆對我完全負責。五月三日

至於在《黃報》上署名梁啟超暢談時事，我也查出係為民國十二

年四月廿九日起，迄於五月三日止，一連五天在第三版所登的〈觀察各方面對於戰事上之趨勢並處置時局之私議一則〉之長文，梁啟超所謂「寫信去止也止不來」之意，當是《黃報》正將長文登載中，梁啟超有信去聲明絕非他本人所寫，但《黃報》仍然將冒稱梁啟超者之文登完；而梁啟超在《晨報》上所登廣告「已有信給《黃報》的主筆，請聲明那篇文字的來源，若然是有人故意借用我的名字，我只有請《黃報》的主筆對我完全負責」云云，我也查出確在民國十二年五月五日，《黃報》以〈來函照登〉方式處理之，茲抄錄於後：

　　《黃報》記者先生

　　啟超在西山休養，友來報以曾見貴札在有梁啟超論奉直文相問，頗發駭笑。啟超年來不言政，不作政評，更無論投稿貴報，焉得有此？若謂貴館作者適有與啟超同名者，則啟超不敢篡其著述之美，敬勞記者先生惠印此函，並另作聲明，以釋誤會。然如有藉托情事，則貴館應負相當責任，考澈來源，以杜絕作偽之嘗試。

　　　　　　　　　　　　　　　　　　　　廣東新會梁啟超

　　緊接著，有一段記者的說明附後：

　　按本報日前來件欄內登載〈觀察各方面對於戰事上之趨勢等處置時局之私議一則〉，投稿者卻系署名梁啟超，並另附一函，要求本報將此稿刊登亦用梁啟超名，此君究竟是否為新會之梁任公，本報實無從證明，茲據新會梁啟超君來函聲辯，則原稿當另為一人所作，不過此函所蓋之私章（印文為梁啟超印四字），頗類臨時雕刻之木戳，究竟是否為梁任公之親手筆，本報無從證明也。

　　《順天時報》登了那段怪話之後，過兩天，他卻自動的更正起

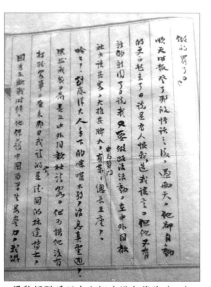

梁啟超駁斥日本人捏造謊言草稿（三）

來了。說是有人恨我，造我謠言。但他又有新的新聞了。說我要做政治活動，在中外同歡社大請其客，大推其牌九，車馬盈門，有某某長官在座！

案：《順天時報》在八月三日登了〈梁啟超也實驗愛情〉（原文見〈附錄一〉），次日（即八月四日）又登出了〈梁啟超被報紙攻擊之真相〉（原文見〈附錄二〉），即是梁氏所說「過兩天，他卻自動的更正起來了」，但梁氏說「過兩天」顯然是誤記，應是「次日」才是。至此，吾人已能確定〈啟事〉文稿應當寫於民國十三年八月四日以後。

哈哈！到底洋大人手下的嘍囉不弱，消息真靈通！果然我幾日前是在中外同歡社請客。但可惜他沒有打聽客單。原來那日我請的客是德國的林達博士，因為在歐戰時候，他保護中國留學生最盡力，我遊歷德國時，他又很招呼我。他這回來華，我雖然碰著家裏有病人，也不能不請他一請。急忙忙只請得兩位陪客，都是從歐洲

新回來的青年朋友。可惜該報訪事認
錯人了。

　　案：梁啟超遊歷德國共歷一個月，
自民國八年十二月十日起（見《梁譜》
頁554），亦是其人以個人資格歐遊計
畫的一部分。考梁啟超遊歐自民國七年
十二月廿八日啟程，抵英國，赴法國，
歷比利時、荷蘭、瑞士、義大利後，
復返巴黎，再出發遊德國等，迄於民
國九年一月下旬搭船返國。所以，此處
言「我遊歷德國時，他又很招呼我」一
語，當是指民國八年十二月十日起遊德
國時。梁啟超遊歐歸返後，曾著有《歐
遊心影錄》一書，但可惜此著作未完全
寫完，所以林達博士如何在德國招待梁
氏，只在這裏留下一個名號而已。

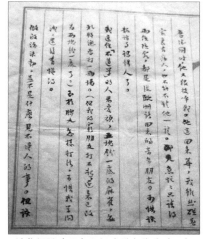

梁啟超駁斥日本人捏造謊言草稿（四）

　　我這位『不道學』的人最愛
頑，五塊錢一底的麻雀，每禮拜總要
打一兩場。（但我的窮朋友打不起，近來
已改為兩塊錢一底了）至於牌九怎樣打
法，可惜我學問淺，還沒有懂得。

　　案：梁啟超愛打牌，是他休閒生
活極重要的一部分。前述梁啟超自民

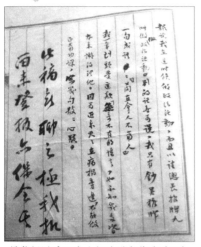

梁啟超駁斥日本人捏造謊言草稿（五）

梁啟超駁斥日本人捏造謊言草稿（六）

國十一年八月赴南京、上海各地巡迴講學，迄於民國十二年元月因過勞累而返津休養，他給女兒的信有幾個月戒講演，「打算專門寫字和打牌」的話，往後幾年，他經常與好友蹇季常、黃溯初等人打牌，所以此處言「每禮拜總要打一兩場的牌」，應是事實。

　　做政治活動，並不是什麼見不得人的事。但該報說我在這時候做政治活動，而且以請總長推牌九叫做做政治活動。別的話無可說，我只有抄吳稚暉一句成語『簡直拿人不當人』。我一年到頭受這類「無奇不有」的謠言，也不知幾多次。本來懶得理他。因為近來天天在病榻旁邊，不能做正當功課，寫幾句散散心罷。

　　案：原稿到此為止，係用標準紅欄框信箋以毛筆寫成，計有五頁，加上蹇季常的批語，共計六頁，文句段落分明，條理暢達，已如前述。由文稿末尾蹇氏的批語云：此稿無聊之極，我扣留未登報，亦保全其名譽之一，若家子弟知之否？季。則知，此稿從

未發表，由語意可推知梁氏寫完此稿，擬在報紙公開登載，先送交好
友蹇季常過目，但蹇氏認為不妥，以為「無聊之極」，故「扣留未登
報」，所以後人也就不知梁氏曾為《順天時報》事而操筆闢謠了。

　　這篇〈梁啟超對於順天時報啟事〉寫於民國十三年八月四日以後
（距八月四日應不會太久），經歷過軍閥割據戰端、七七對日抗戰與國
共內戰，以及十年文革動亂的浩劫，如今在八十二年後的今天（2006
年），竟仍墨色光亮煥然，完好如新，我經眼摩挲多日，深有所感，
在欣喜之餘，將之注釋公佈，以為治近代史學者參考云，並志何其有
幸飽此眼福！

〈附錄一〉

民國十三年八月三日《順天時報》登載〈梁啟超也實驗自由戀愛〉原文

　　〔美國遠東社消息〕讀者諸君，曾憶數年前主唱賢人治政之康門
大賢梁啟超乎？伊自民六政變後，甚至政治生命已經斬絕，非另闢蹊
徑，不足以謀恢復，於是翻然變計，謂生乎今世，應以今日之我，反
對昨日之我，乃至以明日之我，揸擊今日之我，新生命之創造，是否
如此解釋，抑此種主張，是否於人格發生問題，姑不具論，而梁氏竟
因是所得一部分青年之歡心，諡以新聖，擬以東方托爾斯泰、吐格涅
夫，梁氏固趨時善變者，亦竟居之不疑，奔走南北，講演各校，隱然
以學閥領袖自居。庸詎知此公好名心急，而好色之心尤急，惟其太急
之故，遂致惹出煩惱，亦一趣聞也。當梁氏主講金陵某校時，忽抱鼓
盆之戚，梁本多情，不耐鰥居，乃隨時留意，欲得一負有盛名之英雌

繼其室，以娛晚景，適有南京某女校校長呂碧塵者，素抱多夫主義，且當以色相招搖，藉茲敲詐，梁本求凰心切，急不遑擇，遂於某日與呂晤談於某某客舍，一見傾心，發生戀愛，迨魂銷真個以後，呂乃大呈雌威，謂梁氏白晝強姦，污辱人格太甚，決將訴之法庭，並開女界聯合大會，宣佈罪狀，以求正當解決。梁懼，匍匐請罪，呂益怒，謂汝亦有命為文學大家者，何以如此無恥，梁大怒，立簽某銀行支票六千元以獻於呂氏，始克含糊了結。梁既受此打擊，不復敢言戀愛自由矣。

〈附錄二〉

民國十三年八月四日《順天時報》登載〈梁啟超被報紙攻擊之真相〉原文

國際通信云，梁啟超昨被各報攻擊其私德，事涉穢褻，各界閱者，極為詫異。嗣經詳細調查，始知梁近日來京，因欲乘時活動，窺伺教育界某大學地盤，以期造成研究系清一色之學界，詎事為伊等所聞，故急起而攻揭其私德，以示抵制。其實梁去年並無賦鼓盆之戚，伊夫人李氏現尚寓京太平湖飯店，至在寧有無猥褻行為，則不敢知，然梁此來之欲活動，則誠千真萬確，昨星期四梁在南長街中外同歡社俱樂部大宴當局要人，車馬塞途，宴後尚在該處大推其牌九，著名猩賭大王之某某總長等皆入局，大角勝負，極形豪侈，以此觀之，梁之不甘寂寞，當在意中云。

第三章

梁啟超《年譜》被動了手腳

近幾年來，近代名人日記或書信陸續的出版，使得過去撲朔迷離、恍惚混沌的事件，起了一些的澄清與新解，對於學術研究者而言，確是一個福音；然而肯以原件手稿影印出版，不惜耗費大量資金者卻不多見，最近北京中華書局出版了《梁啟超未刊書信手跡》，無論是紙張與印刷，均臻於一流，堪稱大手筆，其對於學術界提供了梁啟超研究之一絕好材料。

這是一部值得細細精讀的書，由北京中華書局出版（公元1994年11月第1版），全帙共精裝成兩大巨冊，計有948頁，收入梁啟超親筆書信共394通，其中家信占絕大部分（計有377通）。由於係照原跡影印出版，而「許多書信均用精美信箋書寫，書法俊逸清秀，堪稱佳品，亦具有很高的文物價值和欣賞價值」（原書影印說明）。

在談這部書之前，有必要重新回顧一段歷史。

其實台灣早在1958年，胡適為《梁任公先生年譜長編初稿》（以下簡稱《梁譜》）的出版作序，對於《梁譜》成書經過有詳細的說明：

> 梁先生死後，許多朋友都盼望丁在君擔任寫任公傳記的事。在君自己也有決心寫一部新式的＂梁啟超傳＂。為了搜集這部大傳記的資料，在君替梁氏家屬計劃向任公先生的朋友徵求任公一生的書札。這個徵求書札的計劃的大旨是請任公的朋友把它的書札真蹟借給梁家鈔副本，或照相片送給梁家。當時徵求到的任公先生遺札，加上他的家信，總計大概有近一萬封之多。……這部＂長篇初稿＂的主編人是丁文江，編纂助理人是趙豐田。全部書有一致的編纂體例。除了最早幾年之外，每年先有一段本年的大事綱領，然後依照各事的先後，分節敘述。凡引用文件，各注明原件的來源。

現在《梁啟超未刊書信手跡》（以下簡稱《手跡》）的出版，恰可用來與《梁譜》校讀，在校讀的過程中，吾人赫然發現《梁譜》保存了許多家信的原始文字風貌，而《手跡》因有《梁譜》的存在而得知佚失的部分文字內容，如《手跡》第三六五號係一九二七年八月廿九日給孩子們的家信，現在仍然殘缺前九頁，正好《梁譜》很完整地保留著此殘缺的部分，而更有趣的是，此信之後三頁及部分文字，《梁譜》缺錄，《手跡》卻安然無缺，於是《手跡》與《梁譜》合併互相補充所缺之部分，形成「珠聯璧合」，此封殘缺不全的家信，就能重新恢復初始首尾內容齊全的樣子，《梁譜》也因有《手跡》影印本而知所遺漏部份或錯別字，可說是收得相輔相成之效也。

胡適序文又說《梁譜》是一部「沒有經過刪削的長編初稿，所以是最可寶貴的史料，最值得保存，最值得印行」，大致是不錯的，但

説是「沒有經過刪削」，則可知胡適寫成序言，似未細查年譜出版後內容的全貌，如今在真跡史料的影印本對照之下，其有塗抹篡改處是極明顯的，可能也是胡適始料不及的，對「有幾分證據，説幾分話」的胡適而言，毋寧是一大的諷刺？（其例證詳後討論）

在《手跡》與《梁譜》的對校閱讀之下，吾人可以很清楚地統計出《手跡》實際上已被《梁譜》引錄了有一百六十一通之多（約占百分之四十），也就是説「未刊」之名是有語病的，因此未看過《梁譜》的讀者，可能會以為《手跡》所有書信是第一次公開發表的史料，蓋以其書名為《梁啟超未刊書信手跡》也。《梁譜》引錄一百六十一通書信中，有照錄原件全文者，有節錄原件部分文字者；大體上，照錄原件全文者，核對《手跡》，有部分錯別字或句讀有誤者，所幸仍不至於對原義造成影響，而節錄原件部分文字者，也能明顯看出當時丁文江編撰《梁譜》確能取其大，一些無關緊要的家庭生活瑣事就不免割愛了；然而，時移境遷，在今天想對梁任公先生的生活有全貌地深入了解，這一些看似「無關緊要的家庭生活瑣事」，就尤顯得無比珍貴，《手跡》影印的價值在斯，此其一也。

前述丁文江編撰《梁譜》確能取其大，把一些無關緊要的家庭瑣事之文字刪除掉，的確是剪裁頗具匠心，然而有的文字卻明顯地篡改粉飾，則令人遺憾！如民國十五年九月二十九日家書，《手跡》原是這樣的：

時局變化極劇，百里所處地位極困難又極重要。他最得力的幾個學生都在南邊，蔣介石三番四覆拉攏他；而孫傳芳又卑禮厚幣，要仗他做握鵝毛扇的人。孫、蔣間所以久不決裂，都是由他幹旋。

梁啟超家書對蔣介石的抨擊：「蔣軍侵入江西，逼人太甚，孫為自衛，不得不決裂。」

但蔣軍侵入江西、逼人太甚（俄國人迫他如此），孫為自衛，不得不決裂。

而《梁譜》卻變為：

時局變化極劇，百里所處地位極困難，又極重要，他最得力的幾個學生都在南邊，蔣介石先生三番四覆羅致他，而孫傳芳又卑禮厚幣，要仗他做握鵝毛扇的人。蔣、孫間所以久未決裂，都是由他幹旋。但北伐軍入江西，孫為自衛，不得不決裂。

梁啟超家書大多數是用毛筆書寫（只有第一七一號，第一八四號及第二四六號用鋼筆書寫，另第三七八號由其子思永以鋼筆代寫），不加現在使用的標點符號，《梁譜》收錄家書文字，正如胡適所言「句讀標點不免偶有小錯誤」，是合乎實情的。但是把「蔣軍」改成「北伐軍」，把「拉攏」改成「羅致」，把「蔣軍侵入江西，逼人太甚（俄國人迫他如此），孫為自衛，不得不決裂」，改成為「北伐軍入江西，孫為自衛，不得不決裂」，就絕對不能說「句讀標點不免偶有小錯誤」，也絕

對不能說「沒有經過刪削」，更不是偶然疏失或誤植文字可以解釋得通的，其有意塗抹篡改，在對照校讀之下，也就無所遁形而昭然於世了。又如民國十六年一月二十六日家書，《手跡》原是這樣的：

萬惡的軍閥，離末日不遠了，不復成多大的問題，而黨人之不能把政治弄好，也是看得見的。其最大致命傷，在不能脫離鮑羅庭、加倫的羈絆──蔣介石及其他一二重要軍人屢思反抗俄國勢力，每發動一次輒失敗一次，結果還是屈服──國民黨早已成過去名辭，黨軍所至之地即是共產黨地盤，所有地痞流氓一入黨，即為最高主權者，盡量的魚肉良善之平民。

而《梁譜》卻變為：

萬惡的軍閥，離末日不遠了，不復成多大的問題，而黨人之能不能把政治弄好，還要看看再說。其最大致命傷，在不能脫離鮑羅庭、加倫的羈絆，因而黨軍所至之地，即是共產黨地盤，所有地痞流氓一入黨，即為最高主權者，盡量的魚肉良善之平民。

把「黨人之不能把政治弄好，也是看得見的」，改成「黨人之能不能把政治弄好，還要看看再說」，意思是有很大的不同。《梁譜》編纂引用家書，仔細核對，固然有許多刪除，其通例是一大頁或連續數行，乃至十餘行不等，在此處卻把「蔣介石及其他一二重要軍人屢思反抗俄國勢力，每發動一次輒失敗一次，結果還是屈服──國民黨早已成過去名辭」遺漏掉，並加了連語「因而」，以承接「黨軍所至之地，即是共產黨地盤」之話，也令人覺得絕不是無心的剪裁。

書信原件的出現，可以將這些有意篡改粉飾的文字，重新改正過來，同時可覘知識分子的學術良知在黨派控制之下，如何地受到踐

踏！中國近現代學術的發展，遭到政治因素的無情壓迫，竟是如此地不堪、軟弱與退怯，亦見到了一個縮影，《手跡》影印出版的價值在斯，此其二也。

《手跡》固然可以校勘《梁譜》一部分文字錯誤，同時也使吾人知道《梁譜》因政治因素而「削足適履」的荒誕與可悲可歎，事例已略如前述，而《手跡》的編輯也有許多美中不足之處，如一九一五年（民國四年）八月十九日家書（《手跡》編為第一七九號），原件明是寫給「仲弟」的，編者未察，卻標明是寫給梁思順的，《梁譜》也是如此，皆誤也。更嚴重者，有幾封信考訂寫作的時間，是有問題的：

一、民國四年底，梁任公與蔡松坡等人南下從事倒袁運動，密謀發動護國之役，由滬赴港轉桂，在諸多不便之下，乃於民國五年三月十六日抵達海防，擬為偷渡之舉，在海防停留了十日，生活極為艱苦，《手跡》第二五三號及第二五四號，即是反應當際歷盡險巇困厄之狀況，《梁譜》亦皆錄，可以作為直接對照。除此二封外，《手跡》第二○六及第二○七號，也是同一段時期的實錄，但《手跡》編者卻考訂第二五三號及第二五四號家信寫作時間為一九二一年，顯然是錯誤的，應皆為一九一六年才是。

二、承前史事，梁任公在初始南下倒袁籌劃活動中，最困擾者，為三餐飲食問題，直到王姨等佣人來，才算得到解決（見《手跡》第一八五、一八六、一八八及一八九號），但有一二位佣人頗驕蹇無禮，令任公極憤怒，打算此事告竣即遣去（見《手跡》第一九五、一九七、一九八、一九九及二○一號），《手跡》第

二一七號亦有類似的話，根據信件內容及文句語氣，當同為此時（民國五年二月）所寫無疑，而編者卻將此（第二一七號）家信誤植為七月所寫。

三、民國十五年春間，美國耶魯大學擬贈梁任公名譽博士學位，是時先後梁任公已迭次進出醫院療疾，故無法親自前往領取證書，《梁譜》照錄了二封信，其一為四月十八日致袁守和，其二為四月十九日致其女梁思順，談論此事如何處理云云，《手跡》編者卻將四月十九日的信（其編序為第三五二號），考訂為一九二七年（即民國十六年），這是不對的。

四、《手跡》第二六九號編次日期為一九二三年一月二十四日，本來不會對此發生疑問，偏偏《梁譜》也完整收錄此信，卻標明為「民國十二年二月二十四日與思順書」，日期相差一個月，而原件影印梁氏親筆只書日期「廿四」，不易確定孰是？細讀此信內容，其中提到舊曆新年「初五日，你姑丈偕曼宣、孝高來，一連打了三日三夜的牌，他們今晨回京去，我足足睡了一天，過年以來一件正經事未作，就只談天玩耍」，則可推知，梁任公先生寫此家信當為舊曆新年初九，查閱《近世中西史日對照表》（鄭鶴聲編，北京中華書局，一九八一年十月第一版），此日正好為陽曆二月二十四日，如果按照《手跡》編者定為陽曆一月二十四日，則查出陰曆為十二月初八日，時間不可能符合家信所言的狀況，因此《手跡》編次日期為一九二三年一月二十四日，是錯的，應從《梁譜》為二月二十四日才是。

要強調說明的，這部《梁啟超未刊書信手跡》出版是非常不容易

的，因為在「六十年代初，中華書局因編輯梁啟超集之需，經吳晗先生商得任公哲嗣梁思成教授同意，得以借到一批梁啟超書信手跡，準備收入文集。不久，文革肇端，梁啟超集的編輯工作因此中輟。所幸這批書信三十多年來一直保存完好」（見原書影印說明），如今吳晗、梁思成諸先生墓木已拱，未及見完整的梁啟超全集問世，固是件憾事，而書信仍安然無恙，可說是歷經「浩劫」後的精品，實是不幸中的一大幸事，因此尤顯得彌足珍貴了。

在撰寫本文時，我所用的《梁譜》係為台北世界書局一九七二年八月出版的，其後我找到了上海人民出版社一九八三年八月出版的《梁譜》，仔細核對，後者是在前者的基礎上，增列了梁任公生前許多好友及親屬的批注意見與後來發現的相關信札，因此後者較前者材料更為豐富，同時校對也較仔細，但兩部《梁譜》皆相同引錄《梁啟超未刊書信手跡》中的一百六十一通書信，所以並不影響本文的統計說明與觀點。上海版的《梁譜》在前言說：

不少資料對孫中山為首的資產階級革命民主派，以及中國共產黨領導的新民主主義革命，都有許多污蔑之詞，修訂時均保持原貌，未予刪節，借以反應梁啟超這派人物的歷史面目。

梁氏本不見容於國民黨與共產黨，對於國民黨聯俄容共政策，有許多批評，而對共產黨利用農民革命及工人罷工手段，造成社會的混亂，亦頗有微詞，無法認同，因此是否對國、共兩黨「都有許多污蔑之詞」，本是仁智之見，可以討論，上海版的《梁譜》編者說明，可以看出其政治傾向，但畢竟確實做到了「保持原貌，未予刪節」，而台北版的《梁譜》，對於批評國民黨的部分，做了許多篡改塗抹，不

惜扭曲史料，卻是吾人所無法苟同的，因此在文中頗費筆墨討論，希
讀者鑒察。

第四章

梁啟超飲冰室的藏書

梁啟超飲冰室藏書目錄的編撰始末

民國十五年（1926年）春季，梁任公就任北京圖書館館長一職，在次年一月二十六日的家信中提到他的著述計畫：

現在我要做的事，在編兩部書，一是中國圖書大辭典，預備一年成功；二是中國圖書索引，預備五年成功。兩書成後，讀中國書真大大方便了。關於編這兩部書，我要放許多心血在裏頭才能成，尤其是頭一年訓練出能編纂的人才，非我親自出馬不可。……

民國十六年七月下旬，中國圖書大辭典編纂處致函北京圖書館，商擬編纂事宜，同年八月又有函致北京圖書館，報告其工作概況云：

鄙處此二月工作，係編纂梁任公先生飲冰室藏書目錄。梁先生家藏書籍，宋元善本書雖少，而普通書至十餘萬卷之多，故編其目錄，於編輯圖書辭典工作上有下列五項之

梁啟超題跋墨跡原藏在北京圖書館，
此書為選輯出版封面。

幫助：（一）訓練分類方法。（二）
訓練版本知識。（三）實驗原書，
可以免去誤會，於將來圖書辭典編輯
上，可以減去多數危險。（四）編輯
成書，可以為將來圖書辭典之雛形，
對於手續上、經驗上有很大之準備。
（五）編輯成書，可於將來正式編輯
辭典時予以參考之便利。因上列五項
理由，故決議先編飲冰室書目，現已
編成經史二部及子部之四分一，約已
成二十餘卷，書片已在八千七、八百
以上，惟因幾於每書實驗原書，故耗
費時間較多，然得實益頗不少。……

　　這使我們知道梁任公先生編纂中國
圖書大辭典，所需要訓練助手的能力，
係先以編寫其飲冰室所收藏之書籍目
錄為始點，換言之，飲冰室藏書目錄實
為任公編纂中國圖書大辭典的先前預備
工作。可是，任公的健康狀況在主持編
纂中國圖書大辭典時，已處在不穩定之
中，因此在一年內所作的成績，由致胡
適的信件，則知僅完成一小部分，由原
定「預備一年成功」的計畫，即使展期

為兩年成書的計畫，亦沒有太大的把握：

　　僕自去秋受北京圖書館屬託編纂中國圖書大辭典，一年以來，督率門人數輩，昕夕從事，雖審定之稿未及什之一，然頗感斯業之有益，興味引而彌長。竊不自揆，意欲使此書成後，凡承學之士欲肄治某科之學，一展卷即能應其顧問，示以資料之所在，及其資料之種類與良窳，即一般涉覽者，亦如讀一部有新系統的四庫提要，諸學之門徑可得闚也。……其中簿錄之部：官錄及史志一冊，史部：諸傳類年譜之屬一冊，金石書畫部：叢帖之屬一冊，史部雜史類：晚明之屬一冊，比較可算已成之稿，雖應增改者仍較多，自謂其組織記述批評皆新具別裁，與章實齋所謂橫通者迥別，將來全書即略用此例。公視似此作法達前所期之目的否耶？此等工具之書編纂備極繁雜，非有一人總攬全部組織不可，卻絕非一人精力所能獨任，現在同學數輩分功合作，寫卡片四萬餘紙，叢稿狼藉盈數筐，幸得董事會之助，使諸人薄得膏火之資，等於工讀，現在第一期工作已過（原注：以經驗之結果，知初枉費之工作極多），下半專從事於整理寫定，原定兩年成書之計畫，雖未必能完全實施，要可得十之七、八耳。……

　　由此可見，任公編纂中國圖書大辭典之宏大理想以及所投注心血之鉅。兩個月以後，由於健康的惡化，任公在民國十七年（1928年）八月廿四日不得不辭去主持這項工作的職務，直到逝世。今人所能見到的中國圖書大辭典，僅存有簿錄之部（官錄及史志）與金石門叢帖類初稿，而其助手所編飲冰室書目，前引信件「已編成經史二部及子部之四分一，約已成二十餘卷」，是否繼續編寫，抑或中輟？殊不易確知。

筆者頃近在北京圖書館館長任繼愈教授的協助下，得以細覽梁氏助手所編飲冰室書目原稿以及梁氏身後北京圖書館編印的完整飲冰室目錄，因此得以深入研究此段公案，現在有必要將之公諸於世，提供目錄學同好參考云。

　　前述梁任公先生由助手編寫飲冰室藏書目錄作為編纂中國圖書大辭典之先前預備工作，主要由侄子梁廷燦及門生吳其昌董其事，原件手稿線裝本（原為十六冊）以毛筆恭楷書寫，裝潢成一函八冊，現收藏在北京圖書館分館（原為京師圖書館，位於北京市文津街），書名標為《飲冰室藏書目初編》，首冊首頁有「飲冰室藏書目總目錄」，僅列了經部目錄，其餘付諸闕如。在閱竟全帙初編手稿，則知此編之著述體例先列書名，依作者時代先後為序，並注明其版本，如為輯本或叢書本，亦標明之。如經部卷四禮類有：

　　深衣考一卷　清　黃宗羲撰　借月山房彙鈔本　南菁書院叢書本

　　如有偽作本，則亦標示之，如經部卷八四書類有：

　　中庸古本一卷　　偽造　　說郛本

　　由首冊首頁經部目錄及筆者閱竟整理之目錄合併，《飲冰室藏書目初編》的完整目錄應是如後所示：

【經部】

卷一　　　易類

卷二　　　書類

卷三　　　詩類　　以上第一冊

卷四　　　禮類　　一周禮　二儀禮　三禮記　四大戴禮記　五三禮
　　　　　　　　總義　六禮制專考　七通禮　八雜禮

卷五　　　　樂類

卷六　　　　春秋類　　一經　　二左傳　　三公羊　　四穀梁

卷七　　　　孝經類　　以上第二冊

卷八　　　　四書類　　一大學　　二中庸　　三論語　　四孟子　　五總

卷九　　　　經總類　　一經解　　二讖緯

卷十　　　　小學類　　一總　　二訓詁　　三爾雅　　四字書　　五說文　　六辭書

　　　　　　　　　　　七音韻　　八古韻　　九切韻　　以上第三冊

【史部】

卷十一　　　正史類　　一正史　　二編年　　三紀事本末

卷十二　　　別史類　　一別史　　二雜史　　三載記　　以上第四冊

卷十三　　　傳記類　　一傳記　　二系牒　　三譜狀　　四疑年錄

卷十四　　　專史類　　一古史　　二學史　　三戰史

卷十五　　　政史類　　一典章　　二儀制　　三職官　　四法律　　五邦記

　　　　　　　　　　　六軍政　　七考工　　八貢舉　　九記典　　十官箴

　　　　　　　　　　　十一邦交　　十二時令　　十三年曆　　以上第五冊

卷十六　　　史料類　　一實錄　　二詔令　　三奏議　　公牘附　　四檔案

　　　　　　　　　　　五日記　　六筆記　　七稗史

卷十七　　　地理類　　一郡志　　二外記　　三峒猺　　四雜誌　　五旅程

　　　　　　　　　　　六山川　　七邊防　　八水利　　九方物　　十風俗

　　　　　　　　　　　十一建築　　十二名勝　　十三考古　　十四地圖

　　　　　　　　　　　以上第六冊

卷十八　　　目錄類　　一書目　　二書錄　　三書考　　四附錄

卷十九　　金石類　　一目錄　　二金文　　三石文　　四考釋　　五題釋
　　　　　　　　　　　　六通論　　七雜品
　　卷二十　　　史學類　　一史學　　二史評　　三史鈔　　四史考　　五史表
　　　　　　　　　　　　以上第七冊

【子部】

　　卷二十一　儒家類　　一古子　　二性理　　三倫理　　四教育　　五格言
　　　　　　　　　　　　六考證　　以上第八冊

　　由此可知，此初編未完成，僅編完了經部及史部，而子部則編完了儒家類，所謂「已編成經史二部及子部之四分之一，約已成二十餘卷」，今由原稿展讀之下，確是如此。可見梁任公因健康惡化辭去編纂中國圖書大辭典職務後，其助手將《飲冰室藏書目初編》的編寫工作中輟，以後也未見繼續。所以今日所見之稿本僅是未完成的書目，梁任公藏書的總數也就無法依此「按圖索驥」了。

　　梁任公逝世後，其家屬按遺願將所有飲冰室藏書捐寄存北京圖書館，於是有《梁氏飲冰室藏書目錄》之編撰，龍游余紹宋為此目錄題籤，並為之作序云：

　　六年前，予避亂居天津，與任公梁先生過從最密。時任公方撰諸家書目提要，陳數十百種簿錄之書於案頭，朝夕探討。予則從事於書畫、書錄解題，彼此趣舍雖異，指歸則同。予以行篋無書，輒就借閱，所喜其家典籍充陳，細鉅賅備，遂得恣搜飽覽，以愜所需。大約間日必相見，相見不及他事，即各舉兩日間探討所得，相與商榷而辨難之，時檢所藏書以為佐證，如是者年餘，因得盡窺飲冰室之所藏。任公素服膺亭林先生，予偶舉其鈔書目序所引祖訓

書，但求其有字之言，任公慨然謂世之顓愛宋、元版本者，直是骨董家，數許為予書作序以張其說，故其所藏但期切於實用，不必求其精槧，上自典冊高文，下逮百家諸子，旁及東瀛海外之書，無不殫事收集，其意非徒廣己於不畔岸之域，謂先哲庋藏之意無所不賅，固如是也。嗚呼！詎知別未半年，吾書未成，而遽以下世聞也。（中略）自明季以來，世習空疏，每喜竄改古籍，又迭經喪亂，舊帙放失，於是深識之士，乃始搜訪遺書，講求善本，內府所儲，珍若琳琅，流風所被，精槧日出，百宋千元，競事著錄，影鈔讎校，頓還舊觀，其有俾於後學之考訂，與夫補亡收佚之功，誠有足多者。顧其末流，則專斤斤於鐫刻之精粗，傳本之多寡，而不審其書之是否有切於實用，徒徵印識，刻意裝潢，小語叢殘，視同鴻寶，偶有著錄，非是弗稱，點賈乘之而作偽者，緣以興焉，骨董之譏誠所難免，獨任公能見其大，以紹復古人藏書之

梁啟超跋藏石門銘

梁氏飲冰室藏書目錄序

六年前予遘亂居天津與任公梁先生過從最密時任公方撰諸家書目提要陳數十種繕錄之書於梁頤朝夕探討予則從事於書畫書錄解題彼此迭含雖異指歸則予以行篋無書觀就借問所喜北家典籍先陳編鈿賭備逾含趣飽覽以難之時檢所藏書以為佐證如是者年餘因求窺飲冰室之書者所得相與商榷而辨林先生予儕舉其書目序所引韻訓詿但求其有字之言任公愧然詞世之題愛宋元板本甚直是骨董家敬許為余書作序以張其說故其所藏但思切於實用不必求其精槧上自典冊古文下逮百家諸子旁及東瀛海外之書無不畢收其意非徒廣已於叱岸之域謂先哲庋藏之意無所不貲固如是也嗚呼詎知別未半年吾書未成而遽用耳吾人所藏之守而弗失復以貽諸來日競博先民作之以貽吾人所曹磾於實用而乃貽諸來世意亦獨是是其關切人生如布帛菽粟之不可或缺非價供乎玩藏錦軸之題賞而

已上者唐之冊獎薄叢簒耆稱偽古今書是則所收溥及並世而宋代目錄存於今者崇文總目之冊獎薄叢簒耆稱偽古今書莫不薈括家莫其偽用也又足於男來世攮以論存佚辯買賈校異同寫自明季以來士晉空苑每喜寶改古籍又選經喪亂舊軼放失於是深識之士乃始搜訪遺蒼講求善本內府所儲珍若珠璣流鳳被亂藪日出百宋千元競事簒鈔鑱影鈔鑱領還舊觀其有神於後學之多寡與夫補亡收軼之功誠有足多者流則專斤斤於鏤刻之精粗細同鴻寶偶有而其為書之多亦非舊意慇視細同鴻寶偶有錄非是彤利稱黠買乘之而作偽骨董之譌工所縫免篴殘珮同鴻寶偶有以紹復古於實用徒徽前徵刻意裝潢小語蓋殘珮其殁也公子輩仰體遺意悉舉所藏寄存北平圖袁君守和之欲永其傳也乃屬館員編纂斯目以予知其事較詳命為之序輒就其所感而論述之如是亦以天下洶洶內鬨不息其文物圖書之墜失有若李易安之序金石錄而致慨於聚散之無常者何限則是舉也亦猶李公擇置書廬山僧舍安

詣。今觀所遺之書，普博周悉，則其序吾書之意亦略可觀矣。其殁也，公子輩仰體遺意，悉舉所藏寄存北平圖書館，以供來者無窮之求，而館長袁君守和之欲永其傳也，乃屬館員編纂斯目，以予知其事較詳，命為之序，輒就平昔所感而論述之如是。亦以天下洶洶，內鬨不息，其文物圖書之墜失，有若李易安之序《金石錄》，而致慨於聚散之無常者何限，則是舉也，亦猶李公擇置書廬山僧舍，而蘇子瞻為仁者之心，以古徵今，又何多讓？所恨余自近歲以來，伏處南中，憂患之餘，亦稍稍有所譔著，而朋儕落寞身世之感彌殷，欲求如往日之接席長譚，從容商討，以是正其取捨者，蓋邈焉未之有遇，則此序之作，豈勝黃壚腹痛之情，非徒悵任公之不及序吾書也已。

二十二年冬至後四日
龍游余紹宋序於寒柯堂

此序讀來沈痛感人，同時任公藏
書之深詣概可得見。今北京圖書館分館
珍藏《梁氏飲冰室藏書目錄》有兩部：
一部是手寫本，凡三冊一函：另一部是
鉛印本，凡四冊一函，封內題為「民國
二十二年十月國立北平圖書館印」，首
頁有梁任公全身脫帽著長袍馬褂黑白照
片乙幀，神采俊逸，高額凸頂，雙目
炯炯有神，右下角並有「仁公五十六
歲像，戊辰三月自題」之字樣。關於梁
任公之飲冰室藏書捐寄存北京圖書館之
始末，除了前引余紹宋先生之序言外，
另《梁氏飲冰室藏書目錄》（以下簡稱
《梁錄》）在任公黑白相片次頁〈梁氏
飲冰室藏書寄存本館經過〉一文的說
明，由於此文鮮見後人引述，同時在丁
文江、趙豐田所編撰的《梁任公年譜長
編初稿》亦未將此有清楚的交待，因此
有必要將此文抄錄於後，其文曰：

　　新會梁任公先生去世之明年，其
遺族仲策、述任、思順、思成、思永
諸先生仰體遺意，擬將梁先生歷年之
書籍寄存於本館，其議發於十八年之

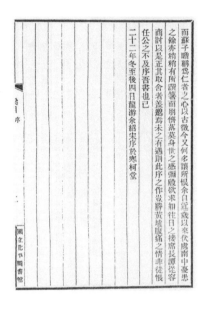

春，至十九年二月始經天津黃宗法律師代表梁氏親屬會具函，正式移交，其來函云：

　　逕啟者，關於梁任公先生口頭遺囑，願將生平所藏書籍借與貴圖書館一事，前荷惠寄善本閱覽室規則、普通閱覽規則、借書規則暨收受寄存圖書簡章各一份，比即抄送任公先生之繼承人。茲受該繼承人等之委託，正式函達貴圖書館，對於前述章則表示同意，並按貴館收受寄存圖書簡章第十條，內開各項聲明如下：

（一）藏書人之姓氏為梁啟超，廣東新會人。其代表為該氏之連續繼承人所組織之梁氏親屬會。住所在天津義租界西馬路二十五號。

（二）關於寄存圖書之卷數，擬俟點交接收時確定之。

（三）永遠寄存以供眾覽。

（四）關於公開閱覽及出貸之辦法，悉願遵照前述各項章則辦理。但上述之梁氏親屬會對於寄存書籍願保留自行備用之優先權，並願遵守一切有關係之規則。

（五）關於度藏之條件（一）所有寄存書籍擬請圖書館代為保險，所需各項保險費亦請圖書館代為擔任。（二）除去前項所開之請求，五十年內梁氏親屬會不另請求其他任何條件，五十年後，遇有必要時，梁氏親屬會得向圖書館商訂相當條件。

以上所開各節，即請

查照見覆，如荷

贊許，並希

剋日派員來津點收，至紉公誼，此致
國立北平圖書館

　　　　　　　律師黃宗法敬啟十九年二月廿四日
　　本館接函之後，即復函照准，並派員赴天津點收，運送來平，計梁氏飲冰室全部藏書，刻本、鈔本共三千四百七十種，四萬一千八百十九冊。此外，尚有金石墨本及梁先生手稿、私人信札等，均重要史料也。本館接受此項書籍後，於二十年六月新館落成之日，特闢梁氏紀念室陳列先生平日所用書桌文具，四壁庋置金石書畫以資紀念，其書籍入藏書庫，並為編訂目錄。今當目錄發刊伊始，用誌其經過於簡端。

　　這是首次將梁任公先生飲冰室藏書的確實數量統計，也是僅有的一段材料，筆者將之原文照錄，藉以明梁任公身後飲冰室藏書的去向，或使後人研究梁啟超不無小補也。

梁啟超收藏碑拓題字

《梁錄》編撰的體例與書籍題跋的類型

《梁錄》編撰始末，已略如上節所述。至於其體例，茲介紹於後：

＊此編以任公寄存之中文書籍及日文書籍為限，其碑帖字畫及任公先生未刊稿本、私人信箋不在內。

＊每書先卷數、次撰述者時代姓名，次版本，次冊數，不分卷者稱不分卷，殘缺者稱存若干卷若干冊。

＊凡書內有任公先生題跋者，錄刊原書目之下，其經批校者亦加註明。

＊分類依四庫例，分經、史、子、集四部，各類以類相從，期於簡明。

＊彙刻書籍別為叢書部，有雖係叢刻書而義有專屬者，則仍依其性質分類，如初唐四傑集、盛唐四傑集列唐別集末，金石叢書列金石類末，餘類推。

＊朝鮮、日本各家撰述，殿其類之末。

＊坊間出版書籍，其體與四庫例不甚相符者及日文書籍，附錄編末。

梁任公秉賦聰穎，讀書極為勤快。據有位上過他課的學生回憶道：

他每天必得看完《京滬日報》和一本與《新青年》等齊厚的雜誌，還得摘錄必要材料。每天固定要讀日文和中文書籍，縱在百忙中也全不偷懶。

　　大量閱讀及勤寫筆記，是任公治學方法極強調的一個步驟。在飲冰室藏書四萬一千餘冊，有許多書籍任公作了題跋，將這些題跋綜合歸納，大略可整理八種類型：

（1）名家稿本

　　任公先生對於名家著撰原稿手跡，往往有題記說明，以示該稿本流傳始末及經手因緣。如有

　　　　說文解字句　　讀稿本　　　存二卷

　　　　清王筠撰　　　原稿本　　　存六冊

　　任公跋云：「王菉友自校說文句讀稿本，乙卯四月遊九江，謁朱先生祠堂，於其家敝麓中得之，菉友與九江交誼至篤，著書時多所商榷，九江遺集可稽也。丁巳四月重裝題記。」又如：

　　　　筠清館金石文字　　五卷殘存三　　卷一卷二缺

　　　　清吳榮光撰　　　　吳氏原稿本　　六冊

　　任公題封面：「筠清館金石文字原稿，飲冰室藏。」卷末題：「款識皆荷屋自摩者，矯健樸茂，得未曾有也。丁巳六月，印昆為余購自廠肆。啟超題藏。」

（2）著名學者批注校閱者

　　如宋羅泌《路史》，任公收藏為明代萬曆喬可傳刻本，此書曾經清代學者惠棟（定宇）經目批校，任公得此書欣喜之情狀，觀其題跋可知：「羅長源《路史》取司馬子長所謂縉紳先生難言者而言之，嗜博而荒之譏，信所不免，然其比類鉤索之勤，不可誣也。其國名記之一部條貫綿密，實史界創作，且其時古本《竹書紀年》及皇甫安

士輩所著書皆未亡佚，其所取材者多今日所不及睹，故可寶也。此本為元和惠氏舊藏，每冊咸有定宇先生名字小印，全部圈點，且有手批一百六十條，校補文字十三處，雖未署名，觀其考證之精審與書法之樸茂，則為定宇手澤無疑也。手批有朱墨兩種，墨筆手跡亦有十餘異書勢者，惠家累代傳經或其父子祖孫所經讀耶？得此如捧手與二百年前大師晤對，所幸何極！癸亥二月十五日梁啟超跋。」又如明崇禎四年嘉定馬氏遵宋本繕寫翻刻本《夢溪筆談》，任公在首冊（全十冊）第二頁空白處題跋：「民國三年在廣州得舊書數十種，此其一焉。頃偶翻讀，書中有校識若干條，圈點若干處，其識語一望而辨為東塾先生遺墨，至足寶也。十年十一月啟超識。」又在清道光八年刻本《絕妙好詞箋》（宋周密編，清查為仁註）跋云：「此東塾先生早年評點之本，為王耕伯所得，歸諸先生，先生即以贈耕伯，題一詩勝焉。五、六年前汪柏廬同年得諸海王村破書攤中，以余私淑先生也，持以見貽，全書除續編外，字字皆經筆圈評不多，而壹皆精絕，所批抹嚴於斧鉞，可謂一洗凡馬；推崇蘇、辛，而於草窗所錄稼軒三首深致不滿，可見先生宗旨所在矣。先生詩詞皆散佚不傳，讀此可窺其詞學一斑，又得遺詩一首，深足幸也。甲子十月後學梁啟超補跋。」

（3）有特殊意義者

任公對於同宗先人極為敬重，如在明刻本梁斗輝撰《十三經繹》題跋云：「吾宗忠璇公斗輝著經繹九卷，胡石青得之坊肆以歸余。……此書不脫明人談經窠臼，自是時代使然，惟公之大節醇德藉此以傳，則吾子孫所宜永寶耳。辛丑三月三十日族孫啟超敬識。」又如任

公之子梁思成曾聽任公講四書，所用教本為

> 四書章句集註　十六卷　附考四卷　定本辨一卷
>
> 讀本句讀一卷宋朱熹撰　清吳英辨並句讀　吳志忠附考
>
> 清嘉慶十六年璜州真意堂影宋校刊本　八冊

任公題籤函面：「影宋本四書，飲冰授思成讀。」

在第二冊封面題云：「此書為王文敏所藏，有潘文勤題箋，在今已成瑰寶矣。思成方將就學於外，懼其荒國學而隳大本也，以此授之，俾終身誦焉。壬子十一月啟超。」

任公對其長女梁思順極為疼愛，有陳三立贈送

> 烈女傳集註　　八卷附補遺
>
> 蕭道管撰　　清光緒十八年刻本　　四冊

以為梁思順結婚賀禮，任公題封面云：「烈女傳得吾家無非孺人端校注，謂觀止矣。蕭氏斯本集諸家，益便籤讀，蕭為陳石遺室，石遺於吾嫻兒結縭日贈此助粧，意至可感，吾兒其襲藏之，且以自勵也。甲寅二月飲冰。」

此外，人事滄桑，不勝今昔之感，任公往往有真情流露。如

> 散原精舍詩　二卷　　續集二卷
>
> 陳三立撰　　民國十一年上海商務印書館鉛印本　　四冊

任公在封面題云：「與伯嚴別二十五年，今歲講學秣陵，始復合併，吾年五十而伯嚴且七十矣，九月晦同人集科學社為伯嚴壽，而滬上適以此書至，俯仰離合，不能已於懷。」

任公題跋又有傷逝悼念之作，如麥孟華庵化，任公悲痛不已，在

> 半塘填詞定稿　　一卷　　賸稿　　一卷

清王鵬運撰　　　　清光緒十年刻本　　　一冊

　　跋云：「漚尹刻鶩翁詞成，以初印本贈蛻庵，蛻庵攜赴日本，與余同客須磨之雙濤園，蛻庵歸，此本遂真我篋中十七年，蛻庵墓木亦拱矣，摩挲箋題，悽感無已。乙丑五月啟超。」

（4）友朋贈送者

　　任公名滿天下，交遊廣闊，由任公題跋之書可知贈者有蔣慰堂、周叔弢、唐士行、歐陽竟無、羅叔韞、趙堯生、錢念劬、陳叔通、余越園、戴循若、何澄一、吳印丞、徐仲可等人。如有

　　　　遺山樂府　　　三卷　　　附校記

　　　　金元好問撰　　民國二年朱彊村據明弘治高麗刊本校刻　　一冊

　　任公題封面云：「遺山樂府三卷，朱彊村所刻，甲寅浴佛日牡丹盛放時，吳印丞在崇效寺見贈。飲冰記。」

（5）作者贈送者

　　有時作者贈送書籍給任公，任公輒做題記，以誌因緣。如有

　　　　樵風樂府　　　九卷

　　　　鄭文焯撰　　民國二年仁和吳氏雙照堂刻本　　　一冊

　　任公題封面云：「樵風樂府九卷，癸丑六月著者贈。飲冰室藏。」又如

　　　　悔明軒稿　　　不分卷

　　　　楊守敬撰　　清光緒間鄰蘇園刻本　　　一冊

　　任公題封面云：「悔明軒稿，宜都楊守敬撰。楊君水地之學，並世第一，此冊所存，皆釋地之文，精覈固無待言，吾方讀〈禹貢〉，

參考〈繹水〉、〈衡山〉、〈碣石〉諸篇，歎其獨到，書為楊君手賜，瘉可寶也。戊午六月啟超。」

（6）重要版本者

任公書籍題跋，有時屬於重要版本者，任公不忘特標明誌之。如有

    大明會典　　　　二百二十八卷

    明申時行等重纂　明萬曆十五年刻本　六十冊

任公加案語云：「大明會典有弘治、嘉靖、萬曆三次纂修之本，四庫僅著錄弘治一百八十卷本，此部二百二十八卷即四庫未見之本，乃萬曆四年敕修、十五年成書者，今缺第四十四至四十七冊。」又有

    野香亭集　　　　不分卷

    清李孚青撰　　聚珍版印本　　六冊

卷端任公題云：「此書若非後人重印，則康熙間聚珍版矣，實亦藏書家一掌故也。癸亥二月啟超記。」

（7）獨抒疑問者

任公治學勤敏，常能自出心裁，獨抒己見。如在清張潮編《昭代叢書》（道光十三年世楷堂刻本與昭代叢書別集合刻一百六十冊）之《約喪禮經傳》（海虞吳卓信著）跋云：「此書合儀禮、戴記經文注疏而序次之，於極複雜中得其條貫，詢善於治經者，若用此法施諸群經，並及子史、其省後學心力之勞，豈有量哉！卓信有漢書地理學補注，宏博為斯學冠，其經學亦通粹乃爾，而清儒不甚推挹之，何耶？」又在

《仁恕堂筆記》（長汀黎士宏著）跋云：「無甚獨到之處，其記隴西風土，頗可觀耳。錄西夏一碑文，可見當代文化之觳，而鳴沙石室藏異書頗多，何耶？」

（8）考鏡學術源流與評騭短長者

任公治學尤重學問路數淵源之考索，並能客觀地評騭短長得失，不阿其所私好或帶成見。如對清葉昌熾《語石》（清宣統元年刻本，四冊）跋云：「前清乾嘉以降，金石特盛，其派別亦三四，王蘭泉、孫淵如輩廣搜碑目，考存源流，此一派也。錢竹汀、阮雲台輩專事考釋以補翼經史，此又一派也，翁覃谿、包慎伯輩特詳書勢，此又一派也，近人有顓校存碑、浮畫、石痕、別拓本之古近者，亦一派，其不講書勢，專論屬文義例者，亦一派也。此書專博不及諸家，而頗萃諸家之成，獨出己意，有近世科學之精神，可以名世矣。戊午正月二十七日購得，窮一日之力讀竟記之。」此對清代金石學家數派別，有明晰之歸納，同時對葉氏著作亦有公平之論列。又如對清鄭珍《巢經巢詩鈔》（清宣統間刻本，四冊）跋云：「鄭子尹詩時流所極宗尚，范伯子、陳散原皆其傳衣，……時流咸稱子尹詩為能自開門戶，有清作者舉莫能及，以余觀之，吾鄉黎二樵之疇匹耳。立格選詞有獨到處，惜意境狹。」再如對宋周密《草窗韻語》（影宋本，一冊）跋云：「草窗詞名揜其詩，然詩實清麗，無西江之生硬，無四靈之寒儉，不愧晚宋一名家也。此刻字體亦挺秀可喜。甲子十二月十六日啟超題藏。」

這些都可看出任公治學能自出機杼的一個側面。

《梁錄》書籍題跋與《文集》書籍題跋之比較

梁任公先生為書籍做題跋的類型，大略可分為如上節所列之八種，然而由林志鈞所編的《飲冰室文集》（以下簡稱《文集》）之四十四下書籍跋類與《梁錄》書籍題跋相互校勘，則知《梁錄》收錄任公的題跋共有九十七則，而《文集》收錄僅有四十四則，其中兩者重複（皆有收錄者）者有十八則，因此今日吾人所能確知任公對書籍作題跋的總數應為一百二十三則。另外，由於《梁錄》的存在，使吾人得知《文集》之四十四下書籍跋類所列之書名失之太簡略，且未能標明卷數及版本，如任公題跋《梁忠璇經繹》（見《文集》之四十四下頁10），對照《梁錄》，才知為：

十三經繹　　　九卷

明梁斗輝撰　　明刻本　　十二冊

又如任公題跋「南宋六陵遺事」（見《文集》之四十四下頁8），對照《梁錄》，才知此書為清人鄞縣萬斯同所撰，卷數為一卷，收錄在清人張潮編的《昭代叢書》（清道光十三年世楷堂刻本與昭代叢書別集合刻）第五十八冊內。其次，《梁錄》與《文集》的對照校讀，也使二者瑕瑜互見、各有得失之現象彰顯出來。如以相同的十八則書籍題跋視之，《梁錄》有二則題跋文字缺脫嚴重，其一為經部宋羅泌《路史》（明萬曆間樵可傳刻本）之題跋，缺脫一百零八字，茲據《文集》引錄如次：

第一冊目錄下有稽瑞樓小印，知嘗歸常熟陳氏，續檢稽瑞樓書目，云路史二十四冊，惠半農閱本，然則批點又出定宇前矣，今此

本正二十四冊，則襯紙亦惠氏之舊也。半農先生提學廣東，吾粵人知有漢學，實先生導之，吾家有半農手書立軸，當與此書同寶也。二月十六日再跋。

此則文字價值有二，一可得知任公再次題跋與前次題跋僅差一日，二可得知惠半農為廣東漢學之先驅，任公以為是同鄉廣東之光寵，並提及收藏其人手書，任公心情之愉悅躍然活現！另一則為史部陳子礪《勝朝粵東遺民錄》（民國五年刻本）之題跋，缺脫有七十四字，亦據《文集》引錄如次：

吾二十六、七年前，習與子礪遊，見其人溫溫若無所試，於帖括外亦並不甚治他學，未嘗敬之也，不意其晚節嶄然不滓如此，且盡力鄉邦文獻，巍然不愧古作者之林，不讀此書，幾失吾友矣，又識。

此則文字，任公與作者交遊及對此書推崇備至，給我們留下一個深刻印象，同時也顯示任公惜才之情。至於《梁錄》子部之

瀛舟筆談　　　十二卷

清阮亨撰　　　原刻本　　　六冊

任公在第一冊封面題云：「阮中嘉《瀛舟筆談》十二卷，甲子臘不盡三日初讀一過，為作提要。」僅此寥寥二十五字，對照《文集》，方知此〈提要〉雖不在《梁錄》，卻在《文集》之中（見頁16）：

《瀛舟筆談》十二卷，儀徵阮仲嘉亨所著，用以記述其伯兄文達公之事業、學術、文章、行誼、家世、交遊者，文達於嘉慶四年撫浙，十二年奉代入覲，旋移督吾粵，其在浙也，於節署之後園，葺屋三楹，榜曰『瀛舟』，故仲嘉以名其書焉。其所記亦以文達去

浙之年為斷，卷一至卷三記文達平海賊蔡牽事，卷一總敘始末，卷二、卷三用日記體，頗多有益之史料，卷四、卷五記文達治浙其他政績，卷六記文達先德及其夫人事，卷七記文達重要著作，及其與當時諸經師之交誼，卷八、卷九、卷十記文達與詩友倡和之詩，及當時文界雜事，卷十一錄文達所著《四庫未收書目提要》，卷十二記積古齋中金石。仲嘉以文達為之兄，又師事焦理堂，故其學富於常識，以頗有別裁，此書實一種別體之年譜，以子弟記其父兄，故纖悉周備；惜所記有年限，文達在粵之遺聞逸事，吾儕所最欲知者，不可得見也。書中及其他掌故，亦多有關係，如顧亭林嘗更名圭年，謝蘊山曾輯史籍考（與畢秋帆似不相謀），談階平曾著疇人傳（文達似未見其書），皆他書所未見也。甲子十二月二十七日夜，榻上流覽，翌晨記之。

此題跋寫來鏗鏘有力，虎虎生風，既有文采，又具條理，評斷極為明晰契要，不愧任公得意之手筆。我曾將《梁任公先生年譜長編初稿》與《梁啟超未刊書信手跡》互為校讀，寫下感言道：

在校讀的過程中，吾人赫然發現《梁譜》保存了許多家信的原始文字風貌，而《手跡》因有《梁譜》的存在而得知佚失部分文字的內容，……於是《手跡》與《梁譜》合併互相補充所缺之部分，形成「珠聯璧合」，此封殘缺不全的家信，就能重新恢復初始首尾內容齊全的樣子，《梁譜》也因有《手跡》影印本而知所遺漏或錯別字，可說明是收得相輔相成之效也。

現在《梁譜》與《文集》之關係，亦可作如是觀之。

梁任公在《昭代叢書》第十二冊內跋云：

梁啟超題跋墓志拓片

《西藏考》一卷，不著撰人名氏，趙之謙謂雍正初身至其地者，隨筆記錄之冊也，中紀里程頗詳覈，所錄唐盟碑全文，尤可寶。戊午六月啟超記。

復跋云：

唐盟碑殆我國與他國為國際上平等條約，傳世最古者。

在《文集》則將之合而為一，其〈西藏考一卷〉條云：

不著撰人名氏，趙之謙謂雍正初身至其地者，隨筆記錄之冊也，中紀里程頗詳覈，所錄唐盟碑全文，尤可寶，唐盟碑殆我國與他國為國際上平等條約，傳世最古者，戊午六月。

由《梁譜》，可知任公為〈西藏考〉作題跋兩次，如果僅由《文集》，則無以顯示此一事實也。

《梁錄》對研究梁啟超的價值

清代孫詒讓著有《墨子閒詁》一書，史家評價極高，「精深閎博，一時

推為絕詣」。孫氏逝世後，由《梁錄》之題跋，則知任公曾為孫氏撰寫墓誌銘。

根據《梁譜》記載，任公自民國十一年八月起赴南京、上海、蘇州等地講學，迄於民國十二年元月中旬因病始返天津寓所，前後約有半年之久。在此期間，任公頗為用功，演講之餘，每星期還到支那內學院聽歐陽竟無講佛學三次，每次二小時，風雨無阻。《梁錄》的題跋為吾人提供任公此階段研讀佛經的線索。經由題跋，則知任公研讀過的經典有

　　　　佛地經論　　　十卷

　　　　親光菩薩等造　唐玄奘譯　民國五年金陵刻經處刻本　二冊
封面任公題：「民國十一年十一月在金陵讀。啟超記。」

　　　　成唯識論　　　十卷

　　　　法護等菩薩造　唐玄奘譯　清光緒二年金陵刻經處刻本　二冊
封面任公題：「民國十一年十月以後在金陵所讀本。啟超記。」

　　　　解深密經疏　　三十四卷

　　　　唐釋圓測撰　　民國十一年金陵刻經處刻本　　十二冊

第一冊封面任公題：「初印本《解深密經》圓測疏十二冊，歐陽竟無大師所贈。癸亥元旦啟超記。」

又跋：「此經有真諦，今因圓測去範四疏，餘三皆佚，測疏存日本續藏中，金陵刻經處於壬戌重刻成，其年除夕，竟翁寄到此本，實饋歲之良品也，謹記因緣如右。」

　　　　瑜伽師地論菩薩地真實品　　　附倫記

　　　　唐遁倫集撰　歐陽漸彙集　民國十年金陵刻經處刻本　四冊

第二冊封面任公題：「瑜伽真實品遁倫記，歐陽大師所贈，癸亥元旦啟超記。」

又跋：「瑜伽倫記卷佚浩瀚，未能刻成，嘗此一臠，慰情聊勝，此第一次印本，尤可貴也。」

　　　　成唯識論述記講義　　　存二卷

　　　　北京法相研究會編　　　鉛印本　　　存一冊

封面任公題：「成唯識論述記講義第一冊。」

　　　　大唐大慈恩寺三藏法師傳　　十卷

　　　　唐慧立撰　彥悰箋　清宣統元年常州天甯寺刻本　　三冊

按：編者云有任公批校。

另外，由家信則知任公講學南京時，基本上已戒酒，一切宴會邀請嚴格謝絕，然而唯一一次例外是「陳伯嚴老伯請吃飯，拿出五十年陳酒來吃，我們又是二十五年不見的老朋友，所以高興大吃」，結果任公大醉而歸，而任公的心境，年譜沒有明示，《梁錄》的一則題跋卻洩漏了任公的感慨：

　　　　散原精舍詩　　　二卷　　　續集二卷

任公題封面云：「與伯嚴別二十五年，今歲講學秣陵，始復合并，吾年五十而伯嚴且七十矣，九月晦同人及科學社為伯嚴壽，而滬上適以此書至，俯仰離合，不能已於懷。壬戌十月一日啟超手記。」

考任公在戊戌維新變法時期，陳伯嚴、黃公度、譚嗣同、唐才常等人在長沙創辦時務學堂，聘任公為總教解，又設南學會，出版報刊，使湖南為「全國最富有朝氣的一省」，曾幾何時，戊戌失敗，任公亡命海外十餘年，志士被捕處決或流放；二十五年後，任公與陳伯

嚴「始復合并」，而青春已去，「吾年五十而伯嚴且七十矣」，人生之境遇，恍如夢寐，「俯仰離合」，任公「不能已於懷」，因此破戒痛飲而醉，悲喜交加！

年譜説民國七年八、九月間任公「以著述過勤，致患嘔血病甚久，而通史之作也因以擱筆」，復引陳叔通致任公書，以戒酒及少看書二事相規勸，但似乎是沒有效果的，任公「惟騖多聞」，「乃至病中一離書卷，遽如猢猻失樹」，由《梁錄》題跋，則知任公病中仍放不下書：

　　大方圓覺經大疏　　十六卷

　　唐宗密述　　　　　清宣統元年金陵刻經處刻本　　四冊

封面任公題：「《圓覺經大疏》都四冊，戊午九月點讀一過。啟超記。」在《昭代叢書》第五十八冊跋〈庚申君遺事〉條，有「戊午八月六日病榻讀一過，記此」，及第六十二冊跋〈渌水亭雜識〉條，有「戊午八月病中讀竟記」之語，均可以作為直接的證明。

《梁錄》題跋提供任公研讀佛經的線索，除了以上數種之外，近人屈萬里編撰《普林斯敦大學葛思德東方圖書館中文善本書志》（臺北，藝文印書館，1984年7月初版）卷三子部留下一條記載，則知任公飲冰室藏書有流落海外者（見原書頁384）姑錄下如次：

浮林坂敦大學長缸潔東方國清斯中文善本書志

大藏一覽集十卷　十冊　二函
明　陳實撰
明京都衍法寺比丘本讚刊本。
十二行二十一字，版匡高二八．九公分，寬二三．一公分。
四庫全書總目釋家類存目著錄，陳實，把樂作「陳實」也。北京大慶壽禪寺沙門鎮澄之，提要題云：「□□□辛未秋季宜都皂城麗外衍法寺比丘本讚敬心□□」音贊卓者鋟刻去明字。
接：辛未當是年號，而其年號必在宣德之後，放書賈無徵，以充宜都本耳。然未知此究顯於何年？

禪宗永嘉集註解二卷　四冊　一函
明　釋鎮澄註
明萬曆二十年（一五九二）刊本。
十行二十字，版匡高二○．五公分，寬一四．二公分。
是本題：「蕭山廣應寺沙門鎮澄註」。有萬曆十六年（一五八八）鎮禮自序，卷末有識語云：

三八四

「萬曆三十年十二月佛成道日刊，蘇松弟子常卿」卷內有「飲冰室藏」印記。

水月齋指月錄三十二卷　十六冊　四函
明　瞿汝稷撰
明萬曆三十年（一六○二）嚴澂校刊本。
十一行二十字，版匡高二二．一公分，寬一四．五公分。
是本有萬曆二十九年（一六○一）嚴澂序，及萬曆三十年汝稷自序，卷內鈐「中憲大夫」劉氏、惟詰藏寶」等印記。

指月錄三十二卷　十六冊　二函
明　瞿汝稷撰
明僧齋聞釋海明重刊本。
十一行二十一字，版匡高二二．一公分，寬一四．五公分。
此據萬曆間嚴澂校刊本重題，有萬曆二十九年（一六○一）顏序，萬曆三十年（一六○二）瞿氏自序，嶺南崇禎三年（一六三○）陳鏚，及稱弘忍禪序，各皆末開起助刻人姓名。

卷三　子　部
三八五

禪宗永嘉集注解　二卷　四冊　一函
明釋鎮澄註
明萬曆十五年刊本
卷內有「飲冰室」印記

梁任公著《清代學術概論》，與另一部著作《中國近三百年學術史》，均是不朽之篇什，是研究清代學術史必備的參考書。由《梁錄》可知，梁氏《清代學術概論》在當時至少有兩種日譯本（均為日本大正十一年鉛印本），一是渡邊秀方譯，另一是橋川時雄譯，可見任公在彼時受日本學界之重視。

夏穗卿過世後，梁任公撰有〈亡友夏穗卿先生〉一文，其中提到：

穗卿是晚清思想界革命的先驅者，穗卿是我少年做學問最有力的一位導師。穗卿既不著書，又不講學，他的思想只是和心賞的朋友偶然講講，或者在報紙上隨意寫一、二篇──印出來的著作，只有十幾年前商務印書館出版的一部中國歷史教科書，也並非得意之作──他晚年思想到怎樣程度，恐怕除了他自己外，

沒有人知道。但我敢說，他對於中國歷史有嶄新的見解——尤其是古代史，尤其是有史以前；他對於佛學有精深的研究——近世認識「唯識學」價值的人，要算他頭一個。

這是夏氏死後六日，任公所寫下的部分文字，迄至今日，吾人對夏氏之學術仍理解有限，主因在於「既不著書，又不講學」，今人所知也僅如任公所言一部中國歷史教科書，《梁錄》為我們提供另一認識，即夏氏曾與人合編有

京師圖書館善本簡明書目　　不分卷

夏曾佑等編　　民國五年鉛印本　　四冊

僅寥寥數言，卻可補充任公所言及近現代圖書館史資料。

臺灣曾於民國五十九年影印《梁錄》成一冊，係以民國二十二年十月國立北平圖書館鉛印本為底本，由進學書局出版，古亭書屋經銷，可惜缺了子部及集部書目，因此完整的《梁錄》當是現存北京圖書館的手寫本，凡三冊一函，是研究任公目錄學思想的重要資料。

第五章

梁啟超對於蔡松坡身後事的處理

北京大學收藏梁啟超親筆文稿不少，其中關於蔡松坡史料有〈呈為請續撥藏書事〉等，透過這些零星文稿的解讀，解決了吳天任《楊惺吾先生年譜》所謂楊守敬觀海堂藏書，「徐總統以一小部分藏書撥歸松坡圖書館，序稱在己未，即民國八年，而小傳則云七年冬，亦見歧異」之疑問；同時蔡松坡激於義憤，反袁稱帝，「為全國人人格而戰」之志氣，與松坡圖書館之緣起，亦得到了原始佐證。

吾既發表〈北京大學收藏《梁啟超給蹇季常等書信》書後──兼談書信的文獻價值〉一文，蒙日本京都大學狹間直樹教授來函，指示蹇季常相關資料，頃近清理舊藏，有一些關於蔡松坡文件史料，爰董理如下。

我們對蹇季常所知不多，僅知道陳叔通〈季常墓誌銘〉和林宰平〈墓表〉均有簡單記載，綜合這兩篇短文，大略可知蹇氏生平是這樣的：

遵義蹇念益，字季常，世世為貴州望族。少隨父官四川，父歿，以喪歸，諸兄弟于役在外，家事區畫，咸有條理。清光緒庚子、辛丑間，入日本早稻田大學習法政。新會梁啟超居日本，以立憲詔國人，有所述作，兩人持見不謀而合，相契蓋自此時。歸國後，游奉天、湖北，皆未能行其志，性介潔，無所干於人。

　　河南巡撫林紹年薦於朝，授七品小京官，後出為河南副財政監理官，革弊興利，治績卓著。辛亥八月，川鄂發難，全國震動，袁世凱秉政，任命為統計局副局長，力辭不就；民國建立，被選為眾議院議員。梁啟超自日歸國，蹇氏默察大勢，愈益沮喪，力泥梁氏勿預政，國會解散，任肅政史，不就，偕梁氏避居天津。無何，有洪憲之役，皆如蹇氏先前所料。蔡鍔等人密計走滇、黔，與梁氏籌劃，蹇氏咨決，往來津、滬策應。袁世凱病亡，梁氏等謝政，蹇亦旋辭議員，蓋又知國難不以袁世凱死而遂已也。蹇氏常託於酒，日未晡而飲，飲輒大醉，率以為常，蓋以國事既不可為，而世又莫能用，沈湎耽杯，其又奈何！與梁啟超相交深契，時為梁氏謀策最忠。民國十九年九月八日服藥自盡，先草遺囑，後書「從容談笑而去」六字，享年五十有四歲。

　　梁啟超曾有集宋人詞句聯寫蹇氏云：

　　最有味，是無能，但醉來還醒，醒來還醉。

　　本不住，怎生去，笑歸處如客，客處如歸。

　　識者以為真能描摹其人情狀，入木三分。

　　由上述小傳可知，梁、蹇二人留日即相識，以後成為莫逆之交，宜乎梁給蹇書信會有達二百通上下。梁、蹇彼此情感依賴頗深，因此

蔣復璁說蹇季常是梁啟超的靈魂，一點也不誇張。

梁啟超、蔡鍔師生等聯手討伐袁世凱，為民國再造共和，成為近代史美談。不幸，蔡鍔舊疾發作，短命而逝。梁啟超悲慟之餘，曾有〈祭蔡松坡文〉、〈公祭蔡松坡文〉、〈邵陽蔡公略傳〉文章（以上文字均見《飲冰室文集》），對松坡生平與雲南護國之役有明白記錄，可不贅敘，然有一紙草稿，收在北京大學收藏《梁啟超給蹇季常等書信》裝訂冊中，稿末有蹇氏批註云：「此任公作松坡略傳論文未用，此其稿也　季誌」，翻檢梁氏〈邵陽蔡公略傳〉一文，果然未見引用，是知此稿未曾公佈，彌足珍貴。今抄錄全文如此：

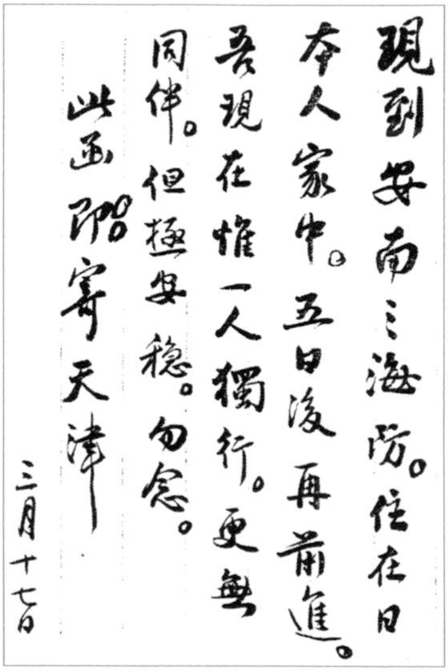

論曰：袁世凱之稱帝也，以威偪利誘天下，天下之頌功德勸進者踵相屬，耿介之士疾首扼腕，而無所憑借，以攄其義憤，鄰邦竊睨而笑謂國無人焉；蔡公之誓師也，曰吾明知力非袁敵，吾為全國人人格而戰而已！嗚呼！比年以來，無歲不戰，所為何

梁啟超密謀討伐袁世凱，途中回報平安家書。

（家書內容，直行右至左）
現到安南三海防。住在日本人家中。五日後再前進。吾現在惟一人獨行。更無同伴。但極安穩。勿念。此函邵寄天津
三月十六日

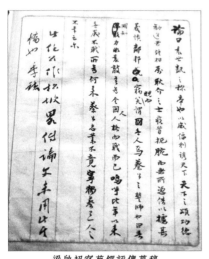

梁啟超寫蔡鍔評傳草稿

來？蔡公志業不竟，寧獨蔡公一人之不幸云爾！

這短短百餘言，將蔡鍔激於義憤，「為全國人人格而戰」之志氣，宣洩無遺，不愧為名家大手筆，同時亦對國事干戈迭起，寄託無限感慨！

蔡鍔過世之後，為了紀念其人格感召，次月，梁啟超先有創設松坡圖書館於上海的計畫，可惜未能踐履。由現今可見資料，則知當時國事杌隉，時局不靖，經費籌措不易，松坡圖書館一直延至民國十二年十一月四日才在北海快雪堂正式成立，而往後梁啟超甚至有鬻字籌款之舉。由此可見，當時創館困難之一般。

松坡圖書館收藏圖書，有一部分來源是得自楊守敬的藏書，關於此段歷史，現在北大保留一封梁啟超草擬的文稿，在年譜與全集均未見引述，可以作為直接的說明：

呈為請續撥藏書事

　　竊啟超等於民國五年冬間創設松

坡圖書館，為故將軍蔡鍔紀念，曾荷蒙我執政署名發起提倡。七年春間，我執政在國務總理任內又特撥國務院所儲故紳楊守敬藏書交館存貯，啟超等祇領之下，感激莫名。年來繼續經營，在北海快雪堂設立第一館，專藏中國舊籍，在西城石虎胡同設立第二館，廣購各國新書；第二館自去年六月開放閱覽，每日閱書人數甚形行踴躍，於獎勵學風，不為無補，惟是經費有限，不能多購書籍，深以為歉！伏查七年春，政府撥給楊氏藏書時，有一部分度置他處，院員偶爾失檢，未及全數領取，近數年來，啟超等雖知此情節，頗以當局非人，不欲干請，今欣逢我執政匡濟時艱，重新國命，用敢據實瀝陳，伏乞飭下　府秘書廳將國務院前批撥松坡圖書館之楊氏藏書，其未撥之部，查照前案，全數撥給，俾得竟鈞座始終成全之意，而館中得此秘笈，其於獎勵學業，亦更收風行草偃之效！若蒙俞允，俟奉批後，當飭館員前往祇領，敬謹儲

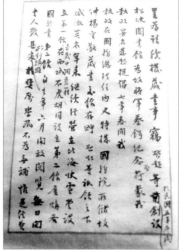

梁啟超草擬簽呈為松坡圖書館
張羅圖書（一）

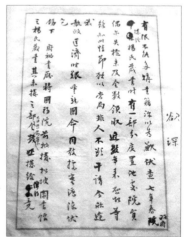

梁啟超草擬簽呈為松坡圖書館
張羅圖書（二）

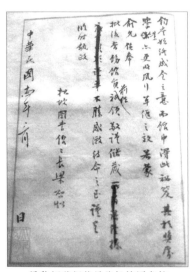

梁啟超草擬簽呈為松坡圖書館
張羅圖書（三）

藏，不勝感激待命之至！謹呈

臨時執政

　　　　　　　松坡圖書館館長梁啟超

中華民國十四年三月

　　由這份梁啟超寫給段祺瑞臨時執
政的簽呈，一方面可知作為新籌設的
松坡圖書館，曾得到官方公開署名支
持，另一方面，楊守敬藏書在民國七
年（1918）由國務院撥一半給松坡圖書
館，這裡得到了可靠的證實。因此，
吳天任《楊惺吾先生年譜》所謂「徐總
統以一小部分藏書撥歸松坡圖書館，序
稱在己未，即民國八年，而小傳則云七
年冬，亦見歧異」之疑問，以及趙飛鵬
《觀海堂藏書研究》同樣的疑問，當可
渙然冰釋矣。至於「國務院前批撥松坡
圖書館之楊氏藏書，其未撥之部」，究
竟儲存於何處？吳天任《楊惺吾先生年
譜》〈中華民國八年先生卒後四年〉條
說出了線索：「先生之觀海堂藏書，以
傅沅叔介鬻諸政府。本年總統徐菊人世
昌以部分藏書撥交松坡圖書館，其餘儲

於集靈囿，後又撥歸故宮博物院圖書館，公開閱覽」。

我們關心的，梁氏上這分簽呈的效果，究竟能否如願「全數領取」？趙飛鵬的研究告訴了我們真相：「此後，故宮所藏的觀海堂舊籍，一直與故宮文物同行止，直至大陸淪陷，渡海來台，至今仍妥善保存於故宮的善本書庫中」。

楊守敬藏書係於1915年由北洋政府以七萬餘元購得，1918年以約十分之五六撥給松坡圖書館。松坡圖書館能獲贈當代著名學者楊守敬（1840～1915）的圖書收藏，是幸運的，蓋楊氏藏書豐富，光從日本蒐購回國的古籍珍本就達三萬餘冊，這對新成立圖書館而言，是一項難得的收藏契機。至於，楊守敬的收藏數量到底有多少呢？趙飛鵬根據周駿富、莊文亞、那志良、吳哲夫以及臺北故宮庫房趙先生的資料顯示，藏於故宮的楊氏之書，約近一千六百部，計有一萬五千五百冊上下；又引蔣復璁的說法，以為「大部份舊抄本撥交故宮，刊本則分給松坡圖書館」。1929年1月，梁啟超在北京逝世，以後松坡圖書館就沈寂了。一直至1949年8月31日，北平市軍事管制委員會、文化接管委員會接收松坡圖書館併悅心殿，將其改為北平圖書館分館，並於9月1日開館，公開閱覽。設在北京的松坡圖書館也就銷聲斂跡，成為歷史名詞了。

另外在1942年，蔡鍔將軍的家鄉湖南邵陽各界知名人士、海外僑胞150人募捐贈書，創辦松坡圖書館，但論規模與收藏，均不如梁啟超在北京時的影響；於是在1986年11月8日，邵陽市各界人士1500多人舉行蔡松坡逝世70周年紀念會暨松坡圖書館復館儀式。

最後，要再提供一紙資料，作為本文的結束。

示悉。簡章十三條嗣約五條全部
同意。　　敬復

松坡圖書館籌備處諸公

　　　　　　　　　啟超

一日

這封簡易回函沒有詳細日期，只書
「一日」，年月已經無法考查確知，由
內容則知是梁啟超給松坡圖書館籌備處
委員們草擬簡章的同意答覆，可惜設在
北海的松坡圖書館已消失，簡章十三條
等詳細內容在今日就不易找到了。

梁啟超為蔡鍔身後籌辦圖書館

第六章

梁啟超和他的兒女們

由梁啟超的外孫女、梁思莊的女兒、現任北京大學城市與環境學系的吳荔明教授撰寫的《百年家族—梁啟超和他的兒女們》一書，是近年少見的家族記憶文字；透過文獻與長輩口述，梁啟超這位在中國近代史上鋒芒耀眼的人物，他的家庭生活與教育兒女的方式，在作者筆下，有著細膩生動、溫馨感人的一面，本書不但是一個家族的歷史，同時字裡行間勾勒出一個動盪時代知識份子的遭遇，令人掩卷而歎！

要瞭解一個人的家庭背景，家書、老照片與童年回憶，是最可寶貴的憑藉，也是最值得採信的資料。梁啟超有絕佳的生花妙筆與創作天才，一生寫下將近一千五百萬字的文章，筆鋒帶著濃郁情感，論文采動人的魅力，迄今鮮有人能與之相提並論，而他留給後人的家書，不論是家屬後代，或者一般讀者，都不能不被那充滿活潑趣味、感情澎湃的筆調所吸引！這些數量可觀的家書，為作

梁啟超外孫寫百年來梁家舊事

者提供了寫作本書的絕好條件之一。另外，作者長輩（舅舅與姨媽們）的深刻記憶與老照片，以及作者親聆母親的教誨等，均使得本書在寫作準備上，得到進一步的保證。值得一提的，本書作者在十餘年前就寫出〈浩瀚書海中的女領航員——我的媽媽梁思莊〉（《人物》1985年第2期）與〈梁啟超和他的兒女們〉（《民國春秋》1991年第1期、第2期）文章，本書是由這兩篇文章擴展而成（作者序言），此後又歷經了停筆又提筆的周折，以及作者對公公梁啟超的蹤跡廣東新會故居、天津飲冰室書齋、北戴河別墅、香山墓園等地親履憑弔，加上上述多重條件，本書的生動精采，引人入勝，也就理所當然了。

拜讀本書之後，對於作者的用心貢獻，提出以下三點說明。

研究梁啟超日常生活有了補白作用

梁啟超文章一瀉千里，揮灑自如，除了天賦之外，其用功勤快也是常人不及的。他的記憶力特別好，自言《史記》能成誦者有十之八九。根據許多學生輩的回憶：梁實秋說他「在筆寫的講稿之外，隨時引證許多作品，大部分他都能背誦得出」；謝國楨說賈誼的〈治安策〉，梁啟超能背全文，「他一面吸著紙煙，一面走著；一面背誦，一面講解。我很驚訝」；黃伯易說「他每天必得看完《京滬日報》和一本與《新青年》等齊厚的雜誌，還得摘錄必要材料。每天固定要讀日文和中文書籍，縱在百忙中也全不偷懶」；李任夫說「他每次來校，坐的都是自備馬車。他在車上是手不釋卷的，一進校門，才把書裝進提包裡，但一到教授休息室，他又把書展開了。他真是一個好學不倦的人」。

上述都是有實際接觸過梁本人的印象追憶，說明梁啟超的才情與孜孜矻矻

風華正茂的梁啟超

努力是分不開的。

最有名的例子，習慣熬夜晏起的梁氏，到南京講學期間，每星期有三天為了趕上歐陽竟無七點半的佛學課竟能六點鐘起床。

以上這些跡象，已多被學者研究引用，而梁啟超還有許多不為人所知的逸事，作者累積長期的訪談，把這些回憶與家信系統排比整理出來，使後世對梁啟超的家庭生活有了完整的輪廓。如本書記載梁啟超如何全神貫注構思文章的情形：

一次他下班坐包月車回家，一路上專心地醞釀一篇文章。回到家時，文章腹稿已成，煙頭卻把棉衣燒了個小洞，他自己一點沒察覺。（原書頁6）

作者描述梁啟超全家用餐的情形是這樣的：

天津家中吃飯也很自由，公公坐在中間，彼等人都到齊後，由他先拿起筷子才能開始吃，他在飯桌上天南海北不停地講。誰先吃完飯誰可以先走，有時公公和婆吃得慢，最後只剩

亡命海外的梁啟超

他們兩人,也毫不介意,他仍和婆興致勃勃地聊天。誰吃完了離開桌子,又過一會再回來吃些菜,都不會受到任何干涉,因此,全家把吃飯時間也看作是每天團聚交流感情的好時光,既可飽餐一頓,又可聆聽公公有趣的談話,每到此時大家都無拘無束地圍坐在一起,十分高興。(原書頁19)

梁啟超有一位第二夫人,外界知道的情況不多,作者為我們披露完整內容:

婆的身世很悲慘,四歲時不幸父親猝死,繼母虐待她,她從四歲到十歲被人轉賣了四次做丫頭。最後隨李蕙仙來到梁家,那是她已十幾歲,梁啟超才給她起了個大名,叫桂荃。一九○三年,她十八歲時在李蕙仙的主張下和梁啟超結了婚。公公說婆『是我們家極重要的人物』,二舅思成說婆是個『不尋常的女人』。她雖出身貧苦,沒有機會讀書識字,但自幼聰明伶俐,勤奮好學,和公公一起流亡日本後,接觸到日本現代文明,接受了新思潮,開闊了眼界,很快學會了一口流利的東京話。她既是李蕙仙的得力助手,又是她各項意圖的忠實執行者,也是家庭的主要勞動力,並負責家務方面對外聯繫。她負擔著一大家人的飲食起居,用慈母的心照顧著孩子們,她每天督促孩子們做作業時,坐在一旁聽孩子們讀書、寫字,她也跟著讀,就這樣她學會讀書看報,還會記帳,寫簡單的信。她同樣也很理解公公的事業,為了使公公專心工作,她忍辱負重,委屈求全,使得家庭和睦安定。(原書頁23至24)

此外,梁啟超的天津飲冰室書齋位置、內部的格局安排、房內的擺設、藏書寫作的環境、會客的情形 …… 等等,不但有藍圖繪製與

梁啟超在天津故居「飲冰室」外貌

梁啟超抱著三歲兒子梁思忠
與兩歲女兒梁思寧

照片佐證，而且又有文字說明與生活回憶片斷的細膩接合（原書頁57至65），而梁啟超四至北戴河養病的情形，作者也娓娓道來，如數家珍（原書頁67至84）。上述種種瑣瑣碎碎細節，大多是首次公開的口述史料，有不少還是躲過文革浩劫的家信與照片，尤顯得彌足珍貴，對撰寫梁啟超傳記具有很高的歷史價值。

啟發教育兒女的省思

梁啟超有三個兒子是院士（梁思成、梁思永同時在1948年當選為中央研究院院士，梁思禮為中國科學院院士），在近代是極為罕見的。梁啟超對兒女諄諄教誨，用情至深，不管在未來事業的提攜，或者是做人處世的修養上，均表現善盡慈父的職責。尤其展讀現今留下大量書信，他對兒女的款款深情，處處流露關愛的情懷，是一個成功的典型。

在旅居國外期間，梁啟超指示大女兒梁思順全權管理弟弟妹妹們的學業、

生活、經濟，及時書信向梁啟超匯報。
（原書頁148）對於兒女的婚姻，梁啟超
的做法是先留心觀察看定一個人，然後
介紹給兒女，最終由兒女自行決定，他
自認為「這真是理想的婚姻制度」，女
兒梁思順與兒子梁思成就是如此完成終
身大事的。（原書頁144）

　　對於做學問的方法，他給梁思成
的教導是「猛火熬」與「慢火燉」兩種
工作交互循環，還要注意專精於博覽，
「莫問收穫，但問耕耘」，「優遊涵
飲，使自得之」。（原書頁44至45）

　　給梁思永的教導，希望他能將哈
佛學的考古專業知識，把握回中國的機
會，跟著學習實務的經驗，屢屢為之安
排張羅而費盡苦心。（原書頁47至48）

　　給梁思莊的選擇專業教導，他以
為圖書館學與生物學是可以考慮的，原
先是安排她念生物學，但因為她沒有興
趣，梁啟超知道後趕緊去信表示關懷之
意：

　　聽見你二哥說你不大喜歡學生物
學，既已如此，為什麼不早同我說。

梁啟超的兒子梁思成是中央研究院院士

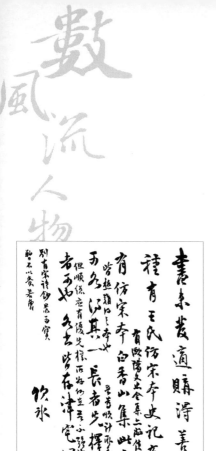

梁啟超以仿宋本古籍作為兒女禮物

凡學問最好是因自己性之所近，往往事半功倍，你離開我很久，你的思想近來發展方向我不知道，我所推薦的學科未必合你的式，你應該自己體察作主，用姊妹哥哥當顧問，不必泥定爹爹的話，但是新學期若已經選定生物學，當然也不好再變，只得勉強努力而已，我很怕因為我的話擾亂了你的治學針路，所以趕緊寫這封信。

（原書頁50至51）

由此可見，梁啟超有廣博的知識與目光，能給兒女良好的指導，但他並不強迫，往往尊重兒女才性發展，使之卓然自立。

文革對知識份子傷害的縮影

作者在最後尾聲〈艱難的祖國之戀〉一章說「公公一生主張變革，為振興中華大聲疾呼，卻以失敗告終。他的兒女們個個熱情地為國家工作，卻在歷次運動中受到殘酷的打擊和迫害」，讀來是挺令人感慨的！

康、梁1898年「公車上書」改革運動失敗，往後孫文革命的成功，註定了革命派占上改良派的優勢；但是歷史真是作弄人，革命的結果，是軍閥混戰、國共內戰、文革鬥爭，一連串的內耗，民生經濟凋敝，中國陷入元氣大傷的局面。

一直延續到文化大革命之後，中國重新走向改革開放的路線，「告別革命」的提出，似乎又回頭證明梁啟超的漸進式改良路線才是合乎中國國情的。當然歷史無法假設，梁啟超當時的改革見解若能實現，今日又是什麼景況，會比現在好嗎？誰知道。

大陸歷經十年文革動亂，到底造成多少傷害？很遺憾地，大陸迄今沒有人敢公開研究，這到底是什麼因素呢？在海外已經有文革資料光碟版的完成，在中國卻仍不能有專門研究文革的刊物，這說明文革只能在海外研究；當中國現當代史的研究禁忌消失了，一部文革史才能在中國本土開花結果。文革時期對知識份子的傷害究竟有多大，現在雖不能完全統計出來，但本書對於梁啟超兒女的遭遇的詳盡描寫，卻反映出那個時代家庭悲慘命運的一幕縮影。梁從誡說「梁氏家族全軍覆沒」（原書頁284），這句話說盡了文革時期一個最優秀的知識份子家族的命運。

（1）試看作者婆婆王桂荃受到的折磨

作為「保皇黨梁啟超的老婆」，全部財產被抄盡，住房被侵佔，被趕入陰暗的小屋裡，八十五歲高齡每天還要出來掃街，這時她已是腸癌晚期，不但得不到醫護，精神肉體還飽受折磨。（原書頁30）她抱著屈辱和遺憾，默默地痛苦地離開了人

世，沒有親人在身邊，沒有留下一句遺言，最後連骨灰都不知在哪裡。（原書頁91至92）

（2）作者大姨梁思順的命運也很悲慘

紅衛兵不許她的保姆給她做飯，年過七旬又體弱的她，生活已難自理。紅衛兵多次毒打下，她於1966年悲慘地死在自己的家裏。和王桂荃的命運一樣，沒有任何親人來和她訣別，因為她的弟弟妹妹們以及孩子們不是「反動權威」，就是「反革命份子」。（原書頁155）

（3）我們看作者母親、圖書館專家梁思莊的命運

文革開始不久，她就被揪出來示眾。她胸前的牌子有兩個花樣替換著，「反動保皇派梁啟超之女」和「反動資產階級權威梁思莊」。……她每天被迫穿著旗袍在圍著鐵絲網的網球場裏和一群「牛鬼蛇神」一起在烈日下拔

梁啟超視大女兒為可傾訴的知己

草，供全國各地的串聯者像圍觀動物園一樣、開現場批判會。
……又一次要這年近古稀的老太太去搬幾十斤重的鋼絲，她勞累過度，回家大咳不止。（原書頁280至281）

（4）中國最出色的建築家、主張二戰保護日本古跡、堅持北京古城牆不拆除、中共國徽設計者的梁思成，他在文革的待遇

被打成「反動學術權威」，他不斷地遭到批鬥，人格受到各種侮辱。他被趕到兩間四面通風的小破屋去住，還要時常受到造反派和各種趁火打劫的壞人的勒索、打罵。（原書頁201）

看見梁思成披著一件黑色長褂，手裡捧著一尊佛像，站在建築館門口被人批鬥，胸前掛著一個大牌子，寫著「反動學術權威梁思成」。（原書頁201）

長輩親戚在文革的遭遇，對於一個善良的女子來說，可說是永生難忘的噩夢，不僅僅是價值觀與是非道德的扭曲，也是人性最錐心刺骨的煎熬！作者自言道：「至今，每當我想起無辜的婆和大姨的悲慘的死，我的心就會顫抖！」（原書頁155）作者對於自己母親無法正常見面，卻只能在排隊買飯偷偷以目光傳遞親情，有一幕心悸骨驚的特寫：

那時我和媽媽唯一能見面的機會就是在大膳廳排隊買飯的時候，每天中午十一點半，關在二十八樓『牛棚』裡的『牛鬼蛇神』們都排著隊，每人夾著一個飯盒到大膳廳的賣飯窗口買飯，每天此時我都躲在一個角落裡偷偷看著媽媽買完飯，再排著隊離去，我再自己去買飯。這一切她一點都不知道。有一天輪到我們教研室教

師賣飯，正巧『牛鬼蛇神』們就在我所站的窗口買飯，只見媽媽在隊伍的後面遠遠地向我微笑。當我見到這熟悉的慈祥微笑時， 心酸得難以自制，我把目光移開，一勺一勺地去分菜，當媽媽走來時，我特意給她一大勺菜，低著頭不看她，但她還努力提高嗓門，對著我笑眯眯地說：『這菜真好吃！』我知道她在暗示我：『媽媽很好，妳放心！』我忍了很久的眼淚頓時流了滿臉。教研室另一位老師立即把我推到一邊，輕輕說：『快擦掉眼淚。』我真恨自己太脆弱了，我只會哭，叫媽媽不放心，媽媽多堅強啊，自己身陷『牛棚』，還這樣樂觀，真是一個名副其實的『壓不扁的皮球』！（原書頁203）

　　吳荔明教授筆端帶有濃厚的情感，因此一氣讀來，令人情緒不能不與其文字牽引悸動。對於梁思成的遭遇，作者以疑惑的口吻：

　　當他被打成『反動學術權威』後，迫使我要去瞭解他到底『反動』在哪裡？我實在無法想通。（原書頁203）

　　在一個天翻地覆、無法無天的時代，人格尊嚴完全掃地，對人無法理解，的確，她的疑惑，也是今天大家的疑惑！

　　本書完全是作者親人的一生遭遇，有許多還是親自見聞的回憶，因此格外感人，是一本很值得咀嚼深思的好書。

　　當然，本書也有美中不足之處。由於梁啟超的家書絕多數是以毛筆行草字體書之，本書作者有少數個別的字辨識有誤，如頁48「跟著歐洲著名學者作一度冒險□□的旅行」句，作者注無法讀出兩個字，疑為「之類」，翻檢手跡影本，應為「吃苦」；又「大約到家只能住一兩天，便須立即趕路」句，「即」字應為「刻」字。頁51「所以趕

緊寄這封信」句,「寄」字應為「寫」字。

也有部分文字是校對的問題,如頁16「先室李夫人,實貴築京兆公諱朝儀之季女,……舉家躬耘穫以為恒」句,「築」字應為「筑」字,「穫」字應為「穡」字。又如頁23第四行:

以下是假字三個子女長大成人:大姨梁思順三個子女長大成人:大姨梁思順

不但文字不通,標點亦怪異,應是電腦排版不小心誤按鍵盤所致,此行當刪除。頁54「一九二六年九月二十六日的信中寫道」句,「九月二十六日」應為「九月二十九日」。頁56註解17「68頁」應為「328頁」。頁207「賣國求榮的西太後」句,「西太後」應為「西太后」。頁209註解8「人間十月天」應為「人間四月天」。頁293「每班八小時日夜三班倒」句,「倒」字應為「制」字。頁299「你最愛的BooBoo 一九八六年午月三十一日」句,「午」字應為「五」字。

此外,作者序言「臺灣歷史語言研究所王森教授提供了傅斯年給朱家驊的一封信」,除了「王汎森」失校為「王森」有誤之外,把「中央研究院歷史語言研究所」改稱「臺灣歷史語言研究所」,這種情況就像從前我們書寫大陸的機關,都要加個長方形框框,以示不承認對方政權的合法性。可見兩岸同文同種,政治上意識形態之干擾,已影響了客觀冷靜態度,彼此並不尊重對方平等地位。這是吾人最感悲哀之處。

第七章

梁啟超與徐志摩的交誼

梁任公是中國近代學術界的風雲人物，他的文字縱橫恣肆如汪洋大海，對於讀者深具煽動性，別有一股魔力，迄今為止，其學術論著如《清代學術概論》、《中國歷史研究法》及補編、《中國近三百年學術史》、《近代之學風的地理分布》等，無論就史學與文學而言，均具有極高之參考價值；儘管近人多譏其博而不精，然而就同一類型之著述，平心而論，沒有人寫得比他更有文采、更有思想、更能引起讀者內心的震撼與共鳴，即此，梁任公可以不朽矣。無怪近人錢穆先生在近代學人文辭點將錄，列舉了章太炎、梁任公、陳援庵、王靜安、陳寅恪等人，而對梁任公有如下之評價：

梁任公於論學內容固多疏忽，及其文字則長江大河，一氣而下，有生意，有浩氣，似太炎各有勝場，即如《清代學術概論》，不論內容，專就其書體制言，實大可取法。近人對梁氏書似多失持平之論，實在五四運

動後，梁氏論學各書各文均有一讀之價值也。

　　錢賓四先生之言是真知任公學術，是公允的。作為梁任公的弟子，徐志摩就沒有其師光芒耀眼，徐志摩在一九一八年六月經由張君勱介紹拜梁任公為師，兩個月後（八月十四日）即赴美留學，僅為二十一歲，風華正茂，懂得英語、日語、法語等數種語言，同時舊學也有根底，其師在八月四日特贈序〈飲冰室讀書記〉二千餘言以壯行，觀其文意，對志摩頗為期許，希望他在學問上開闢出一番事業。其後，徐志摩在學問上雖未能達成其師之期許，但在新詩及散文創作上，均有傑出成就，此為現代文學史所公認，不必一一徵引，本文略談梁任公與徐志摩師生交往的情誼，也許透過許許多多零零碎碎的瑣事，可以更清楚師生二人的神采、亦師亦友的風誼，是我們這一代人所嚮往的。

　　徐志摩的外語極佳，深得任公所倚重。如梁任公的學術著作《先秦政治思想史》的英譯本，就打算由徐董其事。此外，北海公園內設松坡圖書館在民國十二年（1923）十一月成立，開館以後，任公致書好友蹇季常有「相助之人一時固不易得，同人中即使有熱心者，其不通歐文亦與吾兩個同」的感歎，徐志摩入館擔任幹事，負責處理外文函件，這個問題才得到解決。另一件較著名的事，印度大詩人泰戈爾來訪，由徐志摩擔任翻譯，而在住所的安排上，任公可說是大費周章，尤其在一、兩個月前仍未有著落，任公頗表心急，在給友人信中責備志摩沒有認真去辦理的話，屢屢可見。其後泰戈爾訪華期間，徐志摩在招待與翻譯等事宜做得很稱職，其師極為歡喜。

　　民國十三年中秋，梁任公夫人病逝。喪事初了，愛子又遠行赴美

留學，中間還夾著群盜相噬，變亂如麻，風雪蔽天，生人道盡，在精神苦痛之下，讀詞集句排遣孤寂，寫成「苦痛中的小玩意兒」一文應《晨報》紀念增刊催稿。隨手拈來眾多集句，第一即是送給愛徒徐志摩的，任公說道：

我所集最得意的是贈徐志摩的一聯。

臨流可奈清癯，第四橋邊，呼棹過環碧。

此意平生飛動，海棠影下，吹笛到天明。

這六句分別集綴詞人吳夢窗〈高陽臺〉、姜白石〈點絳唇〉、陳西麓〈秋霽〉、辛稼軒〈清平樂〉、洪平齋〈眼兒媚〉及陳簡齋〈臨江仙〉的句子而成，韻致橫生，渾然天成，誠佳作也。任公自注云：

此聯極能表出志摩的性格，還帶著記他的故事，他曾陪泰戈爾游西湖，別有會心，又嘗在海棠花下做詩，做個通宵。

唯有對志摩有相當的瞭解，才能臻至於此，師生二人情深，充分流露。

徐志摩追求林徽因未果、再與陸小曼相戀而結合的前前後後，是近代文壇最膾炙人口的一段韻事。梁任公極不贊成徐志摩與其妻張幼儀離婚，然後又與有夫之婦陸小曼結合。當徐、張離婚時，梁任公寫了一封長信提出勸阻，徐覆信二封，抒申己意，其一曰：

我之甘冒世之不韙，竭全力以鬥者，非特求免凶慘之苦痛，實求良心之安頓，求人格之確立，求靈魂之救度耳。

人誰不求庸德？人誰不安現成？人誰不畏艱險？然且有突圍而出者，夫豈得已而然哉？我將於茫茫人海中訪我唯一靈魂之伴侶。得之，我幸；不得，我命。如此而已。

其二曰：

嗟夫吾師！我嘗奮我靈魂之精髓，以凝成一理想之明珠，涵之以熱滿之心血，明照我深奧之靈府，而庸俗忌之嫉之，輒欲麻木其靈魂，搗碎其理想，殺滅其希望，污毀其純潔！我之不流入墮落、流入庸懦、流入卑污，其幾亦微矣！

此二信揭示徐志摩個人對愛情追求之熱烈與執著，即使其師反對亦罔為效用也。徐、張二人為何離婚，頗難索解，今日恐亦不易清楚其中原委曲折。

而在徐、張離婚之前，林長民之女林徽因與徐相識相戀於英國，然而在諸多因素下，林徽因卻在其父林長民與至交梁任公首肯下，與梁思成結婚，婚姻的不幸福及戀人失去的挫折，使徐之情緒跌落到谷底，由致林徽因一信可知：

我真不知道我要說的是什麼話，我已經好幾次提起筆來想寫，但是每次總是寫不成篇。這兩日我的頭腦總是昏沉沉的，開著眼閉著眼卻只見大前晚模糊的月色，照著我們不願意的車輛，遲遲的向荒野退縮。離別，怎麼的叫人相信！我想著了就要發瘋。這麼多的絲，誰能割得斷？我的眼前又黑了……

徐志摩失去林徽因之後，在失意落魄的情況下，與北京著名交際花陸小曼相戀，但在「社會的不諒解，家人指責非議的滿城風雨的夾縫中，依然愛得如癡如迷、愛得死去活來，志摩在那一時期的詩、日記和致小曼的信中，記錄下這般狂熱的戀情，但為了暫時逃避最尷尬最難堪的地位，志摩於一九二五年三月第二次赴歐洲做一次感情作用的旅行」。在打算行前計畫時，其師梁任公對於他經費籌湊也極為關

心，由二月十三日致好友蹇季常之信可
知：

志摩歐游，吾所力贊，故雖在至
窘之中，亦欲助其成，但以現在情
勢，恐旅費極不易集，所挾太少，冒
險以行，亦宜斟酌，公謂如何？

一九二六年十月，徐志摩與陸小
曼結婚，證婚人梁任公在婚禮上大加斥
責，其始末在十月四日任公給女兒的家
書有云：

我昨天做了一件極不願意做之
事——去替徐志摩證婚。他的新婦是
王受慶夫人，與徐志摩愛上，才和受
慶離婚，實在是不道德之極！

我屢次告誡志摩而無效，胡適
之、張彭春苦苦為他說情，到底以姑
息志摩之故，卒徇其請。我在禮堂演
說一篇訓詞，大大教訓一番，新人及
滿堂賓客無一不失色，此恐是中外古
今所未聞之婚禮矣。今把訓詞稿子寄
給你們一看，青年為感情衝動，不能
節制，任意決破禮防的羅網，其實乃
是自投苦惱的羅網，真是可痛！真是

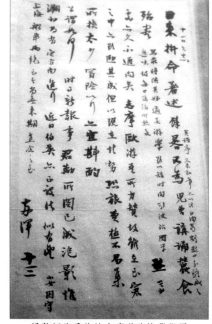

梁啟超為愛徒徐志摩遊歐旅費張羅

可憐！徐志摩這個人其實聰明，我愛他不過，此次看著他陷於滅頂，還想救他出來，我也有一番苦心，老朋友們對於他這番舉動，無不深惡痛絕，我想他若從此見擯於社會，固然自作自受，無可怨恨，但覺得這人太可惜了，或者竟弄到自殺；我又看著他找得這樣一個人做伴侶，怕他將來苦痛無限，所以想對於那個人當頭一棒，盼望他能有覺悟（原注：但恐甚難），免除將來把志摩弄死，但恐不過是我極癡的婆心罷了。

關愛徐志摩的心情，在此信有極深刻的表白。只是，徐志摩與張幼儀離婚，再與陸小曼結婚，箇中酸楚，就恐非局外人所能理解了。

梁任公自民國十二年（1923年）在《晨報》登報謝絕各種邀稿及演講三個月，健康狀況即已透露出了警訊，而迭次進出醫院，加上其著述的狂熱，使他難以戒除讀書思考的習慣；他常有用腦過度、徹夜失眠之苦，這種習慣對他養病是極為不利的，朋友力勸無效，任公有時也無法自我克制。

在一九二八年冬，任公病情進入危險期，徐志摩曾多次去看他，在十月三日給表弟蔣慰堂的信中，起首則言：

第一件急於要問的是梁先生的病，聽說蹇老有電來，說病情不輕，不知如何？果然者，我日內當北上省師，當不出十日也。

在十二月十三日給陸小曼的信有云：

第二天星期一，早上去協和，先見思成，梁先生的病情誰都不能下斷語 。醫生說希望絕無僅有，甚至稍微清寧些，但絕對不能見客，一興奮病即變相。前幾天小便阻塞，過一大危險，亦為興奮。因此我亦只得在門縫裡張望，我張望了兩次：一次是躺著，難

看極了，半隻臉只見瘦黑而焦的皮包著骨頭，完全脫了形了，我不禁流淚；第二次好些，他靠坐著和思成說話，多少還看出幾分新會先生的神采。昨天又有變相，早上忽發寒熱，抖戰不止，熱度升至四十度以上，大夫一無捉摸，但幸睡眠甚好，飲食亦佳。老先生實在是絞枯了腦汁，流乾了心血，病發作就難以支持；但也還難說，竟許他還能多延時日。

任公平時是生龍活虎般過趣味生活，由此信所顯示狀況，大抵透露任公病情嚴重，已是生命垂危的末期了。任公容貌憔悴，不成人樣，「瘦黑而焦的皮包著骨頭，完全脫了形」，無論任何正常人看了，都是會心疼的，何況有深摯情誼的師生關係？徐志摩看了，「不禁流淚」，可是蘊含著無限深情與關懷！

在次年（1929年）一月五日給蔣慰堂的信仍問道：

梁先生病如何？到滬三日，未聞消息，或有轉機耶？盼去協和一問。

同年一月十五日給蔣蔚堂的信仍問道：

任師聞有轉機，果人參有靈耶？抑天如之功？

天如，即是唐天如，梁任公病期末期改以中醫治療的主要醫師。徐志摩情緒隨著梁任公病情變化而起伏波動，真是師生情深！

一九二九年一月十九日，梁任公在北京協和醫院過世。

次日，徐志摩立即給胡適寫了一封長信，專為商量任公身後之事：

快函諒到。梁先生竟已恒化，悲愴之意，如何可言。計程兄昨晚到平，已不及與先生臨終一見，想亦惘惘。先生身後事，兄或可

襄助一二，思成、徽因想已見過，乞為轉致悼意，節哀保重。先生遺稿皆由廷燦兄掌管，可與一談，其未竟稿件如何處理，如《桃花扇考證》已十成八九，亟欲設法續完，即由《新月》出版，如何？又《稼軒年譜》，兄亦應翻閱一過，續成之責，非兄莫屬，均祈留意。《新月》出專號紀念，此意前已談過，兄亦贊成，應如何編輯亦須勞兄費心。先生各時代小影，曾囑廷燦兄掛號寄滬，以便製版，見時並盼問及，即寄為要。今晨楊杏佛來寓，述及國府應表示悼意，彼明晚去寧，擬商同譚、蔡諸先生提出國府會議。滬上諸友擬在此開會追悼，今日見過百里、文島及新六等，我意最好待兄回滬，主持其事。兄如有意見，盼先函知。又宰平先生等亦有關於梁先生文章，能否匯集一起，歸兄去編，連同遺像及墨跡（十月十二日《稼軒年譜》絕筆一二頁似應製版，乞商廷燦），合成紀念冊，何如？寒老亦盼與一談。叔永、莎菲均候。

三天後，一月二十三日徐志摩再函胡適商談此事：

昨天與實秋、老八談《新月》出任公先生專號事，我們想即以第二卷第一期作為紀念號，想你一定同意。你派到的工作：一是一篇梁先生學術思想論文；二是搜集他的遺稿，檢一些能印入專號的送來；三是計畫別的文章。關於第三，我已有信至宰平，請他負責梁先生傳記一部。在北方有的是梁先生的舊侶，例如寒老、策仲、天如、羅孝高、李藻蓀、徐君勉、周印昆等，他們各個人都知道他一生一部的事實比別人更為詳盡。我的意思是想請宰平薈集他們所能想到的編制成一整文，你以為如何？請與一談。我們又想請徽因寫梁先生的最後多少天，但不知她在熱孝中能有此心情否，盼見時

問及。專號遲至三月十日定須出版，《新月》稿件應於二月二十五日前收齊，故須從速進行。此外，梁先生的墨跡和肖像，我上函說及，你以為應得印入專號的，亦須從早寄來製版。在滬方，新六允作關於歐游一文，放園亦有貢獻，實秋及我都有，通伯、一多處亦已去函徵文。還有我們想不到的請你注意。我們想上海的追悼會即在開弔日同日舉行，明日再與君勉商議，容再報。

徐志摩為其師梁任公身後編纂紀念專號籌措工作，可以說是費盡心力，設想周到，由前引二信即可概見。另在三月五日給英國友人恩厚之（L. K. Elmhurst）的信，也提到他的忙碌及對梁任公的評價：

最後我要告訴你，由兩件事使我一直忙個不停，就是梁啟超在我離開北京後三周，即一月十九日，逝世了，年紀不過五十六歲，這項使人感傷的消息，你一定在報上讀到了。他的死對我和不少的人，都是無可補償的損失。他比同輩的人偉大多了。連孫中山先生也不例外，因為在他身上，我們不但看到一個完美學者的形象，而且也知道他是唯一無愧於中國文明偉大傳統的人。他在現代中國歷史上帶進了一個新的時代；他以個人的力量掀起一個徹底的思想革命，而就因著這項偉績，以後接著來的革命才能馬到成功。所以他在現代中國的地位是無以倫比的。胡適和我正在編纂一本約在五月可以面世的紀念刊，盼望對梁先生的偉大人格以及多面性的天才，能作出公正的評價。

另一件就是我在籌備一個全國美術展覽……。

徐志摩為其師身後編纂紀念專刊，是作為學生所能做的最後一點心意，而他也非常盡心促成此事。

英文書名為History of Chinese Political Thought During the early Tsin Period，由英國科根出版社1930年出版。此書徐沒有完稿，由北京「世界通解叢書」編輯L.T.Chen完成。感謝劉洪濤先生提供資料及書影。

可惜，《新月》往後並沒有如期出版梁啟超紀念專號，為何遲遲沒有影子，殊不易索解，是否有隱情，我翻了許多資料，迄今仍沒有辦法解決這個問題。

一九三一年十一月十九日，徐志摩搭乘飛機在濟南失事，結束了三十五歲的年輕生命。

從徐志摩拜梁啟超為師起，任公就不斷給予志摩深厚的關愛，留學寫長文贈序相勉、婚姻離合的勸誡、歐游為其旅費的張羅而著急等，均表現出長者愛護晚輩的惜才之情。而志摩在婚姻的選擇上，終未聽從其師的勸告，本屬各人理念有差別，不必強求以為同；志摩對於任公的協助不遑多讓，北海松坡圖書館外文函件的處理、《先秦政治思想史》譯成外文出版，印度文豪泰戈爾來訪的招待翻譯、任公身後的佈置等，則表現學生輩敬重恩師勤懇態度，兩人平生風誼，亦師亦友般交情，是令人神往的！

第八章

徐志摩與張幼儀 「伉儷情篤」嗎？

徐志摩與原配張幼儀離婚，而後分別追求過林徽音、陸小曼、凌叔華等人，成為民國史上尋求婚姻自主史料之一部分，不過徐、張二人感情如何？『作家身影』紀錄片製作人蔡登山援引蔣復璁（慰堂）先生的說法——「伉儷情篤」，並以為「幼儀漸漸地發現徐志摩蠻喜歡她的，志摩對於包辦婚姻的反抗，應該是日後漸進的積累」。學者王文進教授說徐志摩堅持和張幼儀離婚，「是狠心，也是愛心。他要幼儀做一個獨立自主的『人』，而不是傳統社會的『女人』」，似乎徐志摩對張幼儀很體貼，一如其文字引人綺思浪漫，形象淒美？！

張幼儀的侄孫女張邦梅（Pang-Mei Natasha Chang）在《小腳與西服——張幼儀與徐志摩的家變》一書，卻為我們提供另類觀點，即徐志摩一開始就不喜歡張幼儀，以為她是鄉下土包子，他只是奉父母之命勉強結婚；結婚兩年後，張幼儀跟隨徐志摩到英

徐志摩與張幼儀

張幼儀晚年口述與徐志摩婚變的經過

國，她一度幻想西方生活能改變志摩對她的態度，但徐一直對她很冷淡，並以「纏過的小腳」與「西式服裝」來形容兩人的不搭調（幼儀在三歲時被綁過小腳，因受不了劇痛而尖叫，其二哥不忍，建議其母鬆綁，所以實際上纏足三天，時間是短暫的），最終抗拒傳統而以離婚收場。徐志摩在提出離婚過程，何曾給張幼儀做一個獨立自主的人的機會？沒有，他完全是為自己決定婚姻離合而打算，沒有感受到張幼儀當時的痛苦，也沒有為張幼儀安排機會。因此，上述蔡、王二人的說法不免捕風捉影，難以為據。

夫妻兩人情感若何，終歸是「清官難斷家務事」，旁人難以置喙，其間微妙複雜，唯有當事人才能心領神會，說得真切。中研院張朋園先生〈梁啟超的兩性觀——論傳統對知識份子的約束〉一文，引梁實秋的話說「徐志摩的婚姻前前後後頗多曲折，其中有些情節一般人固然毫無所知，他較接近的親友們即有所聞也諱莫如深，不欲多所透露。這

也是合於我們中國人隱惡揚善和不揭發
隱私的道德觀念。所以凡是有關別人的
婚姻糾紛,局外人最好不要遽下判斷,
因為參考資料不足之故。而志摩的婚
戀,性質甚不平常,我們尤宜採懸疑的
態度 ……,徐志摩的婚姻之前前後後
完全是失敗的,我們應寄予同情」。張
先生又引徐志摩的表弟蔣復璁對其一再
言「志摩有隱痛」。現在張幼儀這本口
述記錄也許能對這段「諱莫如深」的種
種提供一些參考。我們且看張幼儀對洞
房花燭夜的記憶:

晚年的張幼儀

　　初次與他獨處,我好想跟他說說
話,大聲感謝命運的安排。我想說,
我現在是徐家的人了,希望能好好侍
奉他們。可是正常的作法是由他先向
我開口,所以我就等在那兒。

　　當時的我年輕又膽怯,也許一個
新式女子會在這個時候開口,一對新
人就此展開洞房花燭夜。可是徐志摩
一句話都沒對我說,我也沒回答他。
我們之間的沈默就從那一夜開始。

(中譯本頁84)

Alone with him for the first time, I wanted so much to speak to him, to acknowledge my fate aloud. I wanted to say that I now belonged to the honorable Hsu family and hoped to serve them well. But the proper way was for him to address me first, so I waited.

I was young and scared. Maybe a modern girl would have spoken at that time and the couple would have started off right. But Hsu Chih-mo did not speak to me, so I did not answer him. And our silence toward each other began that night.（英文原著頁81）

根據可信文獻資料，徐志摩結婚不久就離家到北方求學。對此，張幼儀回憶這一段，不無感慨她不瞭解徐：

徐志摩差不多是一結完婚就立刻離家讀書去了，先是到天津北洋大學，後來又到北京大學。所以你瞧，這是件很悲哀的事，我打從開始就沒法子瞭解我丈夫。（中譯本頁89）

Several weeks after our marriage, Hsu Chih-mo left to go study, first at Beiyang University in Tianjin and then at Beijing University in the capital. So you see, this is very sad: from the beginning I did not get to know my husband.（英文原著頁87）

張幼儀又說：

除了履行最基本的婚姻義務之外，對我不理不睬。就連履行婚姻義務這種事，他也只是遵從父母抱孫子的願望罷了。

我不明白他為什麼對我不聞不問，我不認為自己有那麼笨或那麼醜，我哥哥是他的朋友，他顯然也很稱許我娘家，可是他為何如此對待我？（中譯本頁93）。

徐志摩從沒正眼瞧過我，他的眼光只是從我身上掠過，好像我不存在似的。我一輩子都和像他一樣有學問的男人，也就是我的兄弟，生活在一起，他們從來沒這樣對待過我，唯獨我丈夫如此。（中譯本頁94）

幼儀哀怨之詞，溢於言表，實令人掬一把同情之淚！由此可見，幼儀從開始就察覺徐志摩不喜歡她，局外人所謂「伉儷情篤」、「徐志摩蠻喜歡她的」、「志摩對於包辦婚姻的反抗，應該是日後漸進的累積」云云，全都是站不住腳的臆測之詞。

另外，郭銀星說：「1920年，張幼儀到英國伴讀，小夫妻倆恩愛和諧，朋友們常來訪談聚餐，對張幼儀來說，這真是一段美滿的時光」。這亦是毫無根據的。恰恰相反，志摩對待到英國的幼儀，態度自始至終是冷淡的。張幼儀口述初次離家到歐洲馬賽港，對徐志摩的印象：

張幼儀年輕時的照片

他的態度我一眼就看得出來，不會搞錯，因為他是那堆接船人當中唯

一露出不想到那兒的表情的人。我們已經很久沒在一起了，久到我差點忘了他一向是那樣正眼也不瞧我一下，好像我不存在似的，將眼光掠過我頭頂。（中譯本頁108）

夫妻久離後相聚，小別勝新婚，應是有可傾訴話語吐露，可是志摩態度之冷淡，實令人匪夷所思！而且在英國期間，志摩一直忙自己社交活動與學校種種，根本沒有把幼儀看在眼裏。（見中譯本頁110～131，英文原著頁104～117，恕不俱引）

郭銀星又説：「1921年秋，張幼儀懷著身孕赴德國留學，1922年2月，次子彼得在柏林出生，志摩在幼儀身邊服侍」。這種説法，也與幼儀口述完全不同。幼儀説她懷孕彼得時，志摩讓她打胎，並不告而別有半年之久，等到志摩出現之際，兩人就以簽字離婚收場。（見中譯本頁139～163，英文原著頁123～145）另外，不妨再配合吳樹德（吳經熊之子）在〈徐志摩與我的父親〉一文的記載，證實了徐志摩在柏林時，有一段時間確與金岳霖借住在吳經熊的宿舍，志摩與幼儀的離婚協議書就是由吳草擬簽字的，但吳是痛苦的，因為志摩與經熊兩人自小相識，結為拜把兄弟，一生相互扶持、忠貞不貳；吳樹德説到其父夾在中間、內心的悲憤情形：「他眼看著事情發展至無可挽回，最讓他難過的事，他和簽字離婚的夫婦兩人都極為熟稔。他自己雖已娶親成家，但他那時也不過才23歲，社會經驗仍十分不足，面對這麼尷尬的場面，他完全無法站在純粹客觀的法學立場來處理。一邊是他的結拜兄弟，一邊是他熟識的張家女兒，他還是張家的法律顧問，而且，他個人也同幼儀交誼深厚，這份情誼終其一生未變，起碼就我所知，在徐志摩死後40年內他們彼此始終以朋友相待」。吳經熊之子的

文章，可以加強說明幼儀對這一段史實
的說法，完全是可以採信的。

　　史學家吳相湘先生一生從事近現代
歷史研究，對口述歷史與紙上資料運用
價值，是深有所體會的，他有一篇文章
〈"口述歷史"實習心得〉，更說明其
一生經驗的結晶：口述與紙上資料兼籌
並顧，以期明瞭重要關鍵的起承轉合原
委曲折。張幼儀此書因係由張邦梅經過
五年長期訪談紀錄（由張幼儀口述），
先是寫成為哈佛大學東亞系主修中國文
學的畢業論文，然後再充實為一本傳記
文學作品，因此其可靠性是極高的。這
也使我們瞭解數十年來詩人徐志摩對待
原配夫人態度另一參考視度。

離婚後的張幼儀

　　其次，根據以上各段中、英文對
讀，可知本書譯者用詞淺顯易懂，而且
文筆流暢可讀，絕大多能忠於原著；除
此之外，譯者為讀者補充材料，使譯作
文句脈絡更為清晰，替作者與讀者架起
一座溝通橋樑。如英文原著頁87：

Beijing University was the most
famous university at the time , a place

run mainly by returned students —those who had studied in the West and brought their learning back to China. In letters home to his parents, Hsu Chih-mo told us of his exciting life. At the university, Second Brother introduced him to Liang Qichao, the famous reformer, who took on Hsu Chih-mo as a disciple.

　　直接譯成中文，可能讀者還不是很明白，於是譯者尋覓不少中文資料，作為背景輔助，再翻譯如下：

　　我丈夫讀的是當時最負盛名的北京大學，北大主要是由一群歸國學人，也就是那些到西方留過學，再把所學帶回中國的人治校，所以我不能不為他高興，不過我的確羨慕他的自由。

　　我是從他定期寫給公婆的家書上，得知他在北大的生活情況的，其中一封家書提到，二哥如何把他介紹給當時著名改革家梁啟超。這次面談以後，徐志摩寫了封措詞謙卑的信函給梁啟超，表達他的敬意和熱愛，後來梁啟超就收徐志摩為弟子。徐志摩在家書的結尾引用了一本著名小說（譯注：指《紅樓夢》）裏的一句話說：弟子的也該燒了。他認為自己的文章和梁啟超的一比，就一文不值了。（中譯本頁90）

　　如此一來，這一大段文字就輕鬆易懂了。譯者所下的心血有如此類，是值得贊許的。

　　必須指出的是，譯本優點有如上述，而譯本也有三項缺失。

　　其一是原著有數頁大事年表（CHRONOLOGY OF EVENTS）置於內容開頭，本是使讀者有個時代印象，譯者卻將之置於內容結尾，以附錄方式處理，未必比原著高明，何況又沒有說明，這就不是很

妥當了。

再者，一般著作免不了有致謝辭置於或前或後，大多是感謝相關人士對文章完成過程中的協助或意見，可譯出也可不必譯出；但本書原著最後致謝辭（ACKNOWLEDGMENTS），它使我們知道作者寫作本書所花下心血及經歷，是漫長而嚴謹的：即先是史景遷（Jonathan Spence）教授讀了作者高中寫的文章，並鼓勵作者進一步對張幼儀深入研究，繼以哈佛大學豐富的藏書資料及杜維明教授的大力支持；配合其他相關人物，如張幼儀之子徐積鍇、孫女兒Angela的協助與惠賜照片，採訪潘如蘭（Rulan Pian）對志摩的印象，費正清夫人費慰梅（Wilma Fairbank）與作者分享林徽因的回憶等；另外作者在哥倫比亞大學同學的批評討論，寫作教授的指導，以及多位師友鼓勵與支持，最後本書在莫斯科（Moscow）完成。這點說明在本書是很重要的。譯者沒有將此譯出，恐怕是一時判斷疏忽閃失，殊為可惜！

最後，原著以張幼儀照片為封面，除英文原名：BOUND FEET & WESTERN DRESS—A MEMOIR外，又有中文題籤「幼儀與志摩」五字，書法線條優美，氣韻典雅，左下有一張小腳與現代短靴並排小照片，整體美術設計古色古香，充滿濃厚中國味兒；而中譯本封面則書上一雙高鞋跟與三寸金蓮複合體女鞋，顯得不倫不類，遠遜原著！當然，這個缺失並不該歸咎于譯者，而是設計者的問題；但在沒有比原封面設計更為美好情況下，一仍原著，則又何妨？也許譯作既然有了中文譯名，沿襲原著封面中文題籤「幼儀與志摩」五字不更動，容易令讀者混淆。而這又是另一問題了。

除卻文章無嗜好、世無朋友更淒涼

——陳獨秀晚年在江津生活的片段

前言

　　臺靜農先生過世後，家屬與門生整理遺稿與書籍，其中有不少珍貴的史料，陳獨秀致臺先生的手札就超過一百件以上，可以說是海峽兩岸私人保存陳獨秀原始資料數量最多的。這批手札絕大多數是陳獨秀晚年在江津時期給臺先生的書信，由於是不經修飾的原件，更能夠具體反映陳氏生命最後階段生活狀況的真實面貌。中央研究院中國文哲研究所將這些手札原件公布，列為「近代文哲學人論著叢稿之六」，其嘉惠學界，促進近代學術研究的心意，是最值得欽佩的！這批手札，最可貴是連同信封都完整保存，其寫作年月日，除少數幾件無從確知外，大多數均有確切時間可以按覆，予學者研究帶來莫大便利，這是我們感到極欣慰的事；因為臺先生早年與左派文人有來往，曾經因此而坐牢三次，而他又與陳獨秀關係密切，故渡海

陳獨秀在端午節沒趕上友朋聚飲
的惆悵詩句

陳獨秀給臺靜農信的信封外觀

來台後，自然成為白色恐怖時期有關單位盯梢的對象，這些手札能一直保存到現在而不丟失，可以想見是要冒極大的風險，由此更能窺見臺先生對陳獨秀文字的重視，兩人交誼情感深厚可想而知。因此，由這些手札考察兩人關係，以及陳獨秀晚年在江津的情形，其文獻上的價值自不待言也。

手札以書信為大宗，有確定年月日可稽者，共有九十七通（其中含明信片五紙），附有信封者八十通；年月不確定者，有五通，附有信封者有一通；只有信封而無信函內容者，有十二通。時間起自民國二十八年五月十二日，迄於民國卅一年四月廿日，距陳獨秀五月中旬食物中毒後病逝，僅有二十餘日的時間，由於信件保存如此完整，延伸的時間又是如此之長（約近三年），對於研究陳氏晚年日常生活提供最為可靠詳實的文獻資料。

這些手札除了前開書信之外，具體內容介紹，《臺靜農先生珍藏書札（一）》的〈出版說明〉最為扼要，

其中有云「以陳獨秀先生致先生之函件最多，共有一百餘封，足以單獨成冊，故以此為基礎，另加入陳氏寄贈先生之詩文，題字及陳氏之自傳手稿，都為一編，先行出版。」至於其來歷，〈出版說明〉又云「皆為先生家屬所提供」，可見這些手札在臺先生生前沒有散落他處，完全是一人完整收藏。至於其他詩文小札若干，以及陳獨秀親筆〈實庵自傳〉原件，在文獻上的價值是極珍貴第一手史料，可惜自一九九六年六月出版迄今，學界對此可資探究之意義，鮮少措意，而有關陳獨秀晚年生活的種種，又一些不正確的看法，於是撰此篇小文，或者仍有其必要。

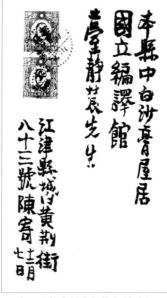

陳獨秀給臺靜農信的信封外觀

現行〈實庵自傳〉寫作時日與文字之誤

學者對陳獨秀的生平，最重要的依據，一定要參考他本人所寫的〈實庵自傳〉。可是，長期以來，這篇僅寫了兩章的未完成自傳，卻又有習焉不察的

謬誤。首先是寫作年代的問題。陳獨秀臨終前曾將遺著與書籍託付何之瑜處理，對此事的經過，何之瑜在民國三十七年五月三十日所寫的〈獨秀叢著總目〉後記有扼要的說明：

> 獨秀先生死了！
>
> 三十一年，五月二十七日，下午九時四十五分鐘，先生離開了這個世界！我遵從遺意，保管和整理他的遺稿，並且要達到出版的目的，所以在先生逝世後（八十日），我邀約魏建功、臺靜農、方孝博三兄到江津，從八月十六日到十八日，在這三天之內，把所有的文稿和書籍，都分類編號登記，做了一次初步的整理工作。……

由於何之瑜出身北大，是陳獨秀晚年在江津時期最親近的學生之一，因此他所編輯的〈獨秀叢著總目〉也就最值得重視的文獻了。他之前（民國三十六年九月七日）又有〈獨秀著作年表〉，載明公元一九三六民國二十五年丙子五十八歲「著述」欄內有〈實庵自傳〉，所以陳獨秀的自傳依此就很清楚表明了。以後，研究者多所引用，如郭成棠《陳獨秀與中國共產主義運動》一書，即是據此確認〈實庵自傳〉寫於一九三六年。然而，唐寶林與林茂生合著的《陳獨秀年譜》在一九四〇年五月五日條卻有另一種不同說法：

> 在〈實庵自傳〉原稿上寫一短跋：
>
> 此稿寫於一九三七年七月十六日至二十五日中，時居南京第一監獄，敵機日夜轟炸，寫此遣悶。

唐、林合著《陳獨秀年譜》引用〈實庵自傳〉原稿這則短跋沒有注明出處，不知何據，頗難定其是非。景從這種意見的不乏其人，如沈寂在〈汪孟鄒與陳獨秀〉文章則說「據他在稿本上所加的短跋"此

除卻文章無嗜好、世無朋友更淒涼》陳獨秀晚年在江津生活的片段

稿寫於一九三七年七月十六至二十日
中，時居南京第一監獄，敵機日夜轟
炸，寫此遣悶"」，不知何據之稿本？
應是輾轉抄錄的，並未親見稿本。又如
張寶明、劉雲飛《陳獨秀的最後十年》
亦是持此看法。直到臺靜農珍藏陳獨秀
手札公佈於世，這個問題才真相大白。

　　臺靜農先生故去後，門人陸續整理
親朋友輩寄與臺先生之信札，其中陳獨
秀給他的信件就超過了一百封，而另有
〈實庵自傳〉原稿就是其中較為重要的
歷史文獻之一。全文以毛筆字直式書寫
於有格稿紙（每頁稿紙八行，每行二十八
格），加有新式標點符號，章節段落分
明。陳氏文稿一向隨性而書，反映其人
狂疏不拘小節的個性，本篇自傳卻文字
醒目，多處塗抹修改痕跡，具見匠心，
夾入文字亦穿插有致，顯見花了一番工
夫。其寫作緣起，陳氏在結尾處有題跋
云：

　　此稿寫於一九三七年七月，十六
至廿，五日中，時居南京第一監獄，
敵機日夜轟炸，寫此遣悶，茲贈靜農

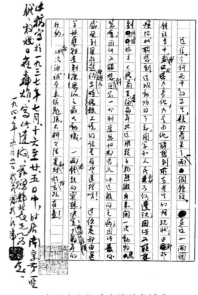

陳獨秀自傳手稿親贈臺靜農

民國廿六年春，陳獨秀在南京第一監獄中

兄以為紀念。

一九四○年五月五日獨秀識於江津

〈實庵自傳〉原稿的公佈，使我們確知先有何之瑜〈獨秀著作年表〉公元一九三六民國二十五年丙子五十八歲「著述」欄內錯誤在先，於是郭成棠《陳獨秀與中國共產主義運動》一書跟著錯；前述唐、林《陳獨秀年譜》等均說〈實庵自傳〉寫於一九三七年，這是沒問題的，但說是「七月十六至二十五日中」，卻是不正確的。原稿題跋清楚標點「此稿寫於一九三七年七月，十六至廿，五日中」，換言之，「七月十六至二十五日中」時間延續了十天，與「十六至廿，五日中」是不同的。而且，這篇陳獨秀親筆文稿題贈給臺靜農，可以想見兩人交誼乃非比尋常，《陳獨秀年譜》作者未有機會完整引據，對於陳獨秀晚年在江津的交友情況就不免有所遺漏了。

其次，文字上的疏漏也有賴原稿的校勘。〈實庵自傳〉正式發表於一九三七年第五十一、五十二、五十三期的《宇宙風》雜誌，蕭關鴻編《中國百年傳記經典》第二冊頁480～493全文照錄，以簡體字重新編排出版。臺灣在民國五十六年由傳記文學雜誌將〈實庵自傳〉與陳獨秀晚年所寫的論文、書信等文字收攏，仍定名為《實庵自傳》出版。筆者查閱《宇宙風》雜誌，得知中央研究院僅有近史所郭廷以圖書館藏第十三至二十四期、第三十七至四十二冊、第一百期，文哲所期刊室藏第十五期、第二十六期，所以無法見到當時〈實庵自傳〉的出版面貌。但拿原稿與簡體字版和臺灣正體字版核校，則有驚人的相似處：

一、文字魯魚亥豕與疏漏，簡體字版有103處，正體字版有112

處，拿簡體字版和臺灣正體字版相對照，其與原稿的差錯，多數是完全一致的。奇特是，連標點符號的位置與原稿不同處，兩者幾幾乎乎是一模一樣！

二、不管簡體字版還是正體字版，兩者都是在這段文字「人家倒了霉，親友鄰舍們，照例總是編排得比實際倒霉要超過十倍」之後，遺漏了「人家有點興旺，他們也要附會得比實際超過幾十倍」句。

可見，臺灣正體字版〈實庵自傳〉文本也是依據第五十一、五十二、五十三期的《宇宙風》雜誌無疑。臺先生珍藏原稿〈實庵自傳〉首次公布，使學者能一窺初始風貌，其文獻價值經筆者如上校勘揭示，也就更為明晰了。

只是，筆者仍有疑竇難解：為何陳獨秀如此重要的〈實庵自傳〉寫作時間，何之瑜會弄錯呢？

《小學識字教本》反映陳獨秀晚年繼續未竟之業

陳獨秀早年創辦《青年雜誌》（後更名為《新青年》），展開新文化運動，主張反孔與文學革命，胡適後來提倡白話文學運動的見解，陳獨秀啟發之功是不能忽視的。當時有一種觀念，認為「中國文字，既難傳載新事理，且為腐毒思想之巢窟，廢之誠不足惜」，陳獨秀正是提倡最有力的健將之一；晚年固然他的政治見解有了極大轉變，但對於廢除中國文字的看法一直沒有改變。

陳獨秀在晚年致臺靜農諸多信件，有一封信寫於民國廿九年九月

十五日，明明白白説出他所以投注大量心血在文字學的鑽研，是要實踐他在《新青年》時期未竟的理想！其內容擇要如下：

中國文化在文史，而文史中所含烏煙瘴氣之思想，也最足毒害青年，弟久欲於此二者各寫一有系統之著作，以竟《新青年》之未竟之功，文字方面始成一半，史舊方面更未有一字，故擬油印此表以遺同好，免完全散失也，史較文字更難，新材料未發現以前，舊材料勢不能盡禁廢，惟有加以合理的整理，以稍減少烏煙瘴氣耳。

這裏所謂「文字方面始成一半」，自然就是指其著作《小學識字教本》上卷初稿。翻檢他本人寫的〈小學識字教本自敘〉，對於主張拼音文字的理念，此時仍無改變：

中國在拼音文字未行以前，識文字善教育之道，舍此無他途。

可見，《小學識字教本》正是主張中國採用拼音文字理念下的過渡之作，其意圖是很明顯的。在此之前，陳獨秀另有《連語類編》著作，他自己説創作此書的目的：

此書何為而作耶？闢華語單音節之説也。華語之非單音節，不獨可以今語證之，古語之有複音遺留其痕跡於書籍者，今日尚可得而考焉；此可證華語由單音節發展為複音節之説亦非也。……中國拼音文字之難行，單音及方音為二大障礙，古今語皆多複音之義明，拼音文字之障礙去其一矣。故此書非徒以考古。

民國三十年春獨秀自識於蜀之江津

現在一般對漢字的看法是「單音獨體」，但陳獨秀反對如此説法，一心欲推行漢字拼音化，並以為「中國拼音文字之難行，單音及方音為二大障礙」，所以他寫了《連語類編》著作正是為其推行中國

拼音文字張目，作為抒發一己思想的理論準備工作。綜觀陳獨秀終其一生思想的轉變，早期與晚期是迥然相異的，尤其晚年的政治見解趨於冷靜成熟，極高明而深刻，由當時人編纂的集子完全可以呈現，學者已有相當份量的文章論述；可是，唯一不變的，他主張把中國文字拼音化，卻是早在五四新文化運動時期就已形成，最終在風燭殘年，依然如故，並以餘力寫出文字學的專著，其勇猛奮進精神是最可感佩的。但是，陳獨秀主張中國文字拼音化，大陸經過幾次文字簡化的試驗後，已經證明是行不通的死胡同，此種不成熟的見解與其晚年政治理念竟呈現霄壤之別的落差，這是吾人不得不感到惋惜的！

　　鄭學稼絕筆皇皇鉅作《陳獨秀傳》，公佈了大量陳獨秀的原始私人信件，對於研究陳獨秀晚年的心境與精神狀態，提供了極寶貴的觀點，但在〈獄中的文字學著作和文藝理論〉一節中竟有如此的看法：

　　濮清泉說：陳獨秀告他：

　　「我研究文字學，就是從發展的觀點出發，我主張語言文字都大眾化，由繁入簡，最後目的是拉丁化即拼音文字。不過在這方面只能是漸變不能來突變，如果來突變，那就要大家讀天書，任何人也不懂，我說些別字也是漸變嘛！」

　　我以為這是為中共宣傳，非獨秀本意。由陳的文字學著作，該深知中國文字比拼音文字好。一部英文字典數萬字，都是字母的拼合，須每字認識，而漢字則科學化，如「言」旁、「心」旁、「人」旁都與「言」、「心」和「人」有關，由字可知其意義為何。漢字拉丁化的後果，使文字混亂，和不能讀古書，至今眾人皆知，獨秀絕不會主張「拉丁化」，而況事實上是「俄文化」！

對照上述陳獨秀自己撰寫的材料，卻是全站不住腳。陳獨秀正是主張漢字「拉丁化」，不但堅持到底，而且前引濮清泉說的話，完全是可以信以為據的。濮清泉的話也許有可能被中共拿來做宣傳，但陳獨秀所有的思想見解，完全是苦心孤詣上下求索而來，與中共宣傳是毫不相干的，所謂「終身反對派」，在政治見解上如此，在整個態度亦是一貫的。鄭學稼反共立場堅定，而且此類著作極多，學問也不錯，研究陳獨秀脫離不了個人主觀色彩，原本是無可厚非，但總不能違背歷史事實，強做曲解。〈獄中的文字學著作和文藝理論〉一節大量引用濮清泉的回憶為其立論的佐證依據，卻獨獨以為這段是為中共宣傳，總不是學者應有的客觀態度，因此特別拈出，以為學術研究者參考云。

《小學識字教本》的寫作過程與出版波折

陳獨秀寫完《小學識字教本》上卷初稿，由民國廿九年六月十五日一封信完整披露其寫作的過程：

靜農兄如握：四日手教讀悉。稿已完全寫好校過，擬廿前後派火房送至白沙編譯館交兄手收，前稿望早日鈔好，以便將原稿交來人帶回。敵機每日光顧，江津城天天有警報，人心慌亂，仲純兄幾乎天天跑警報不在家，月底赴江津聚會之約，勢必延期矣。此次續寫之稿，約為期月餘，日寫五六小時，仲純若在此必干涉也，甚勉強，致於左邊耳轟之外，又加以右邊腦子時作陣痛，寫信較長，都不能耐，勢必休息若干時日不可。下卷未成，雖非完璧，好在字根

半字根已寫竟，總算告一大段落。法幣如此不值錢，即止此不再寫給編譯館，前收稿費亦受之無愧也。此祝

　健康　　　　　　　　　　　　　弟獨秀手啟　六月十五日

　　筆者不避冗長，照錄此信，可知《小學識字教本》是在很艱難情況下完成：一是陳氏身體狀況不佳，勉力而為，以致其「左邊耳轟之外，又加以右邊腦子時作陣痛，寫信較長，都不能耐」，二是「江津城天天有警報，人心慌亂」，隨時有被炸之虞。

　　次日，他又有信給臺靜農，談到急於出版理由是戰爭難以逆料，「如此時局，此稿全不出版，皆有散失之可能」，因此「派焦性火房將全五冊送上，收到望即交館中速抄速印，希望能於秋季開課前出版」。

　　可惜，事與願違，《小學識字教本》一直無法出版。揆其原因，一般說法是當時教育部長對書名「小學」二字有意見，而陳氏又甚堅持己見，不願屈就更名，致使關係破裂而付梓無期。今由書信原件線索追蹤，可知道只是表面一端現象而已，似未探悉真相。試看一封教育部長陳立夫致陳獨秀的信函：

　仲甫先生大鑒

　　大著《小學識字教本》斟酌古今諸家學說，煞費苦心，間下己意，亦多精闢，自宜付梓，以期普及；惟書名稱為《小學識字教本》，究屬程度太高，似可改為《中國文字基本形義》，未審尊意何如？即希　　示復為荷　　順候

　撰祺

　　　　　　　　　陳立夫　　頓首　十、十一

這封沒有年代的信件，可考知應是民國三十年寫的。陳獨秀接到陳立夫信後，回覆道：

實庵先生復陳部長書

十月十一日惠書誦悉。許叔重造《說文》，意在說經，章太炎造《文始》，意在尋求字原，拙著《識字教本》，意在便於訓蒙，主旨不同，署名遂異，以其內容高深，不便訓蒙者，朋輩中往往有之，此皆不知拙著第一種乃為教師參考而作，兒童課本別有一種，但編排單字三千餘，不加詮釋，絕無高深之可言，俱見全書，疑慮自解也。

三十年十一月十三

由此兩封信內容觀之，似乎雙方各有堅持，無法達成一致的共識。宜乎許多人沒有見到往後的相關材料，致使出版遙遙無期歸咎於陳立夫，然而，這是只是知其一而不知其二也。從另一角度推測，教育部長陳立夫本為國民黨黨工系統出身，不便公然拒絕陳獨秀如此有名望之異議份子，名稱更改之意見，恐怕只是官場上一種婉轉推辭的門面語。一旦教育部同意出版，等於就是公開為陳獨秀的著作取得全國發行的合法地位，更名為「中國文字基本形義」，則象徵為普通學術論著，又可去除「教本」的意義；而陳獨秀則以普及識字為出發點，作為教師參考用書，自然無法以普通學術讀物而接受。因此，雖然從表面上，僅僅只有名稱之爭，而骨子裡，卻大有深意足堪玩味！

其實，就陳獨秀的立場而言，「如此時局，此稿全不出版，皆有散失之可能」，何況是以餘年費盡心力寫成，要實踐他在《新青年》時期未竟的理想（見上【《小學識字教本》反映陳獨秀晚年繼續未竟之

業】節討論），衡諸得失，有了前次「名稱」之爭的不良後果，教育部既然不能出版，陳獨秀則把希望寄託於商務印書館，並以為如果能夠出版，書名更動是有轉圜餘地的！民國三十年十二月廿八日的一封信，即透露這個訊息：

靜農兄：十七日手教讀悉。弟處韻表只餘一冊，，倘行嚴已返湘，韻表未及帶去，擬即不補寄尹默矣，與彼通信時，請便告之！監察院人很多，寄尹默書至彼處可收到耶？《識字教本》稿倘尚未寄出，望代為改三處：（中略）陳館長已回否？《識字教本》已否寄出？他已否向王雲五交涉提前付印？此時不但不能寄香港印，即寄上海亦未必可行了。前接商務自港來信云《東方》將出重慶版；能印《東方》即能印《識字教本》，望將此意致之陳館長！此書如能付印，弟擬從眾意刪去『小學』二字，即名《識字教本》可也，惟書題名上（教師參考用書）雙行六字則必不可去也。此祝

健康　　　　　　　　　　　　　弟獨秀手啟　十二月廿八日

不過，即使更動書名為《識字教本》（刪去『小學』二字），但陳獨秀對於書題名上『教師參考用書』雙行六字，「必不可去」，是非常堅持的。如此看來，這本書的意義真是非比尋常！

但是，好事多磨，商務印書館即使在陳獨秀讓步不堅持非用「小學」二字不可情形下，依然是無意出版！理由何在，文獻無徵，難以究知。

事實上，由信件內容看來，自民國二十九年十月十四日起，由當時任職國立編譯館的臺靜農扮演溝通出版事宜的角色，長期都不順利，先是希望採用石印方式，無奈石印本不可行，後又退而求其次，

改用油印五百份，挑選清楚者製作兩、三百份，不料仍遭到挫折。《小學識字教本》教育部既無法出版，寄托商務印書館出版的希望又落空後，可以想見陳獨秀內心鬱悶孤憤之一斑。

陳氏既擔心著作在兵馬倥傯之中遺失，於是他最終想出一個別無選擇的辦法，由他給當時編譯館陳可忠館長的信可知：

可忠先生左右：拙稿雖未盡善，而創始不易，弟頗自矜貴，希望能於足下在館期間，油印五十份（弟需要二十份分贈朋友）分寄全國，此時雖有原稿一份、副本三份，一旦川中有亂，難免紛失也。區區之意，請勿以過慮而忽之！此祝

大安　　　　　　　　　　　弟獨秀手啟　　二月廿六日

這封信寫得言簡意賅，客套之中猶不失自負，也為自己嘔心瀝血著作做了萬全準備，無論如何，一定要化身擴散，廣為流傳。

需要知道的，前已述及《小學識字教本》係在日軍炮火轟炸聲中完成，也是陳氏晚年費盡心血的一部力作，以他校對所下的工夫，幾乎已到達了「追求完美」的境地。從油印本《小學識字教本》的目錄，可知此書內容是這樣：

上篇　　　字根及半字根

（一）　象數

（二）　象天

（三）　象地

（四）　象艸木

（五）　象鳥獸蟲魚

（六）　象人身體

（七）　象人動作

（八）　象宮室城郭

（九）　象服飾

（十）　象器用

下篇　　字根孳乳之字

（一）字根并合者

（甲）複體字

（乙）合體字

（丙）象聲字

（二）字根或字根并合字之附加偏旁者

　　如果泛泛瀏覽略過，沒有細讀這些書信談論校稿內容的情形，我們實在無法想像字字得來不易的心血。從民國廿九年六月十五日陳氏自云「稿已完全寫好校過」算起，不斷有新的修正與增補，持續的時間很長。考察這些修正與增補意見的書信線索，再仔細對讀油印本《小學識字教本》的目錄與內容，讀者當有若干感想浮於腦海者：

一、《小學識字教本》稿屢次易稿，主要校改者為臺靜農與魏建功二人（抄寫油印者「何君」，疑即為何之瑜，未確然否，待考），兩人當時任職國立編譯館，過從親近，臺靜農主要任務是監督抄寫者與原稿修正文字的校勘工作，有時也幫忙翻檢引據經典出處；而魏建功對陳獨秀幫助極大，蓋魏氏深諳音韻之學，對古文字學亦具有功底，常提出不同見解，陳獨秀對他頗為欣賞，也因魏氏看法而使文稿更修密完整。所以，民國廿九年十一月廿三日函示臺靜農云「拙稿經建功兄

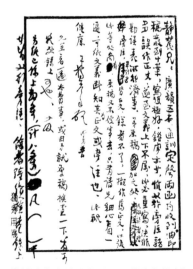

陳獨秀致書魏建功、臺靜農請
加速校正《小學識字教本》稿

陳獨秀與臺靜農商量《小學識字教本》
油印稿情形

校正，有所修改或加注，為益
實多，惟後半尚未見有疑問示
下，想尚未校竟，以便早日交
陳館長寄出付印」，我們才能
深知其意。

二、臺靜農扮演另一角色，是作
為陳獨秀與國民黨官方機構教
育部、編譯館的溝通橋樑，聯
繫出版事宜。瞭解這層關係，
臺靜農何以有陳獨秀覆陳立夫
函、致陳可忠函的過錄信件，
才有著落。

《小學識字教本》寫完初稿後，請
臺靜農與魏建功二人隨校隨改，時間持
續將近兩年，最後打算以油印稿方式流
傳。抄錄之始，也是隨抄隨校，如在民
國三十一年四月五日給臺靜農書信，很
滿意「油印稿亦收到十葉，寫得極好，
錯字亦少」，但也指出「雙行旁注諸多
誤作正文，遂至文義上下不屬」的缺
失，於是主張「此必重寫，決非勘誤表
所能濟事」。所以造成這種缺失，陳氏
以為「原稿加文處，凡雙行者皆旁注，

單行者皆正文，錄者不了，一概作為正文」，只有寄望臺先生「細心看一遍，可依文義斷知其為正文或旁注也」。他也體諒臺先生「全看一遍太費事，或由弟就原稿檢查一下，有可疑處錄上可也」。

《小學識字讀本》寫油印本校勘的工作，由民國三十一年四月十六日給臺靜農的信：

此外關於旁注者另三紙錄上，一紙八條，又二紙共計十一條。以後繼續檢查錄上，時間當來得及，此時象人行動類想尚未寫完也。

同年四月二十日的信又說：

關於旁注已檢查大半，另紙錄上，再三四日當可檢查完了。

可知應在民國三十一年四月二十五日前後，做完了最後作者親自校勘的工作，距離其五月二十七日壽終正寢，僅有一個月的時間。所以，陳獨秀晚年在江津時期的最後歲月，可以說是把整個生命投注在《小學識字教本》一書寫作，研究其人晚年的生命歷程，此書的重要意義是不能忽視的。本文所以鉅細靡遺闡述這段事蹟之來龍去脈，以為未來製作年譜與傳記文學創作者參考取資也。

透過如此的分析，讀者進一步當想知道，到底《小學識字教本》油印本什麼時候出版呢？很不幸地，五月中陳獨秀因飲食問題而臥病，他似乎已深知此次病倒難以再起，最後竟無力寫信，由鄧仲純轉達臺靜農的話，可以體察期間所蘊含的無奈與悲哀：

仲兄囑轉達吾兄者，以後教本印稿不必寄來校對，逕可付印，蓋因此次一病，必須數月之休養，方能恢復健康，絕無精力校對，以免徒延日期也。弟大約再留山上一二日，視仲兄病況如何！弟原

擬於上星期日（十七日）赴渝一行，乃因仲兄病而終止也。

廿日午後又書

　　這是陳獨秀對《小學識字教本》稿的最後處理交代，一星期後，五月廿七日晚上九時四十五分就逝世了。因此，陳獨秀生前並沒有看到《小學識字教本》油印本的出版。

　　中央研究院歷史語言研究所傅斯年圖書館還保存有三套當時的《小學識字教本》草紙油印本，每套有兩冊，封面有陳獨秀毛筆題字「小學識字教本」，並鈐印有「陳獨秀印」陰文、「仲甫」陽文篆體方章，凝重古樸。全書以傳統左右對折一張為一頁計（相當於現代的兩頁），上篇有136頁，下篇有53頁，另有〈小學識字教本下篇勘誤表〉，計3頁。臺灣在1971年12月出版《小學識字教本》，可惜尚不敢提及是陳獨秀的著作，更改書名為《文字新詮》，由中國語文研究中心核定再版。大陸在1995年5月出版《小學識字教本》，正式冠上「陳獨秀遺著」，由劉志成整理校訂，巴蜀書社出版發行。

　　《小學識字教本》草紙油印本首頁〈小學識字教本總目次〉底下有括弧（教師用）三字，上篇、下篇目次與劉志成整理的本子或《文字新詮》的均相同，惟劉本在各類底下特標字根數，而臺灣版將〈小學識字教本總目次（教師用）〉改為〈文字新詮總目次〉；細閱草紙油印本，有多處墨筆工楷校改，或有異體字改正者，或有錯別字訂誤者，或有雙行小字誤入正文特予標明者，或有漏文增補者，或有甲骨金文重描者，有的雙行小字誤入正文太多，就在字裡行間以符號"[ ]"標示，並在當頁天頭上說明"[ ]為雙行注文"，也有的應補文字太多，浮貼字條而以*記號插入字間，說明當為單行大字或雙行旁注。

可見油印本完成印刷後，仍沒有停下細緻的校勘工作。

較值得注意者，在下卷第39頁結尾，「拋」字後空白，接著有原先兩行文字說明，依稀可見：

（按仲甫先生于三十一年五月二十七日逝世，前半月著稿絕筆至此，以下象聲字百五十六已先撰成）

何之瑜在此兩行上直接以墨筆改寫：

（按仲甫先生於三十一年五月十三日上午著稿至此"拋"字時，適人過訪，旋即臥病，至五月二十七日逝世，乃成絕筆矣。此下象聲字百五十六已先撰成）之瑜記

如果要比較臺灣版的《文字新詮》與大陸版的《小學識字教本》二者本子，《文字新詮》刪去作者陳獨秀〈小學識字教本自敘〉一文，梁實秋寫了一篇序言，擇要如下：

抗戰時期，國立編譯館獲得有關中國文字研究之稿本一冊，其特點為：

（一）用科學方法將中國文字重新分類。

（二）對若干文字的解說，採取新的觀點。

（三）內容簡明扼要，易於了解。

此稿當時僅由館方油印五十冊，分贈關心人士，並未對外發行；本人亦分得一冊，隨帶來臺，磨損蛀蝕，恐難保存久遠。中國語文研究中心同人以該稿為有價值之研究資料，提議加以影印，藉供學者參考，庶使作者心血不致泯沒。惟原稿字跡多有模糊之處，影印亦頗困難；爰請專人逐頁以毛筆將模糊之處細心描過，歷時四月，始告竣事。

「曾記盈盈春水闊，好華開滿荔枝灣」
陳獨秀對廣州有段美好回憶

難忘老友李光烔金陵探獄，陳獨秀寫下
「苦憶獄中別，驚移夢裏情」悼詩。

這段話對陳獨秀《小學識字教本》的三特點說得大致不錯，並說「此稿對中國文字有獨到之研究，有很多新的詮釋，發前人之所未發」，可惜往後筆者沒有看到任何的書評出現。劉志成整理《小學識字教本》完成後，寫了一篇〈整理校訂後記〉附於書末，則很具體說出《小學識字教本》一書在同源詞研究史上的地位，應是一篇重要的評論文字，但他說陳獨秀曾對濮德治說「要用歷史唯物論的觀點，探索一條文字學的道路」，則不知何據？事實上，陳獨秀晚年已突破過去共產黨責任心之困擾，趨向冷靜獨立思考，肯定資產階級民主，醉心組織反對黨的自由理念，而細讀陳氏自己給臺靜農、魏建功等人討論著作的書信，從未提到要用歷史唯物主義研究文字音韻之學，因此陳獨秀是否有意識「要用歷史唯物論的觀點，探索一條文字學的道路」，則是值得存疑的。

其次，《小學識字教本》草紙油印本沒有編索引，臺灣版的《文字新詮》

與大陸版的《小學識字教本》二者皆有，翻檢查閱較為方便。若論臺灣版與大陸版何者較佳，試以兌字條為例，油印本頁66最後一行：

用兌為兌換者，為巫祝之供物與神之賜福相交換也。

有墨筆校改為：

自唐以來，用兌為兌換字者，假借以為同音之對也。

大陸版的《小學識字教本》仍舊照抄油印本頁66最後一行，沒有任何校改（頁120），臺灣版的《文字新詮》（頁113）完全以墨筆校改正確文字抄錄，因此臺灣版的《文字新詮》最接近油印本，比大陸版的《小學識字教本》稍佳。

《小學識字教本》的易稿情形

以下筆者要說明陳獨秀撰寫《小學識字教本》易稿情形，其間所花下的心血，是常人難以企及的，其精益求精的毅力是最可感佩的！

試以象器用類古字條為例，現在的定稿非常完整。考察他給臺靜農先生書信的蛛絲馬跡，可發現有多次的修訂，第一次是在民國卅年四月二十二日，這封信就只專門為一條改正意見而寫，接著特別提醒：「此條所引《國語》及《後漢書》，希便中檢查一下有無錯誤」云，完全表現出作者著述嚴謹的態度；兩個月後，同年六月廿三日，針對前次古字條臺靜農檢查結果，有了答覆，此信與上封信對讀，《漢書》引文確實有所出入。第三次又有了新的看法，同年十一月廿日特別寫信談這件事，到了次月（十二月）七日，又提出了修改意見。可是，還沒有完，十二月廿八日，他又有了推翻前次的意見。我

們很難想像，為了一個古字的意思，如此字字斟酌，文稿改易達五次之多，歷程居然超過八個月之久，非有驚人毅力，實難至此！

由此可見，陳獨秀不惜大費周章多次易稿，另一角度，反映其晚年把寫作《小學識字教本》視為重大任務，確實用盡全副心血經營著！所以，他對於書名意見與教育部長陳立夫的爭執，到退而求其次，只要與商務印書館王雲五交涉可以順利出版，「小學」名稱也可以讓步而不再堅持了。這種為了心血「功不唐捐」，唯有透過這批珍貴書信的詳細校勘比對，掌握出著述迭次修補線索，甚盼早日付梓的微妙心理，我們才能夠有深刻的認識。所以，對於陳獨秀晚年在江津，生活的重心，除了一些有關政治思想的文字之外，寫作《小學識字教本》的全神貫注情形，是不能忽略的，正好這批書信提供最為詳實可靠的第一手史料證明。

我們根據書信，提供陳獨秀對《小學識字教本》內容修正增補的意見，以當時流傳迄今的油印本核對，也證實了臺先生在好友迭次文字更改情況下，猶能不負所託，耐心監督校讀，忠實反映陳獨秀的真正學術見解。陳獨秀晚年在江津寫作《小學識字教本》，少數有來往的至交，臺先生是不能忽視的關鍵人物之一，保有一百多通信件，並收藏有陳獨秀親筆的自傳原稿，就是最好的說明。很多人編陳獨秀年譜或寫他晚年的交遊情況，臺先生被有意無意忽略或不提，這是有違歷史真相的。

後記

　　以陳獨秀致臺靜農先生書信修改意見的文字，校勘油印本文字，可以發現，絕大多數均忠實依照作者陳獨秀的意見，顯見花下相當的力氣，惟校書如掃落葉，永遠掃不盡淨，仍有當時未能校出者。

　　不論臺灣出版的《文字新詮》，或是大陸出版的《小學識字教本》，均以油印本為底本，兩者的編者均為無緣一睹臺靜農先生珍藏這些手札，因此油印本校勘不及之疏漏，就必須以這批書信內所討論文字校勘改正過來，如此一來，《小學識字教本》的原貌才能顯現。這批書信的價值能發揮到此，是原先筆者始料不及的，如今校勘已竟，欣然誌此近代學術「奇遇」，並感謝中央研究院文哲所林慶彰教授支持，筆者才能進行如此順利。另外，傅斯年圖書館提供油印本以及借印相關資料，亦一併表示衷心謝意！

第十章

堂堂溪水出前村

——雷震案真相大白

雷震案的背景

　　早在大陸國共內戰時期，雷震就有意組織中國民主黨，促進政治民主化，以對抗共產主義赤化中國的企圖。沒想到大陸易幟如此迅速，國民黨勢力短期間完全潰敗，被迫遷到臺灣，雷震等知識份子痛定思痛，檢討大陸失敗的原因，歸結到政治、經濟、社會、軍事等改革才有出路，於是在胡適的支持下，以《自由中國》雜誌為陣地，宣揚組織政黨、實施民主政治理念，對國民黨有許多的批評，無奈言論不見容於當局，導致雙方關係趨於緊張而破裂，最後決策當局決心剷除異己，將雷震等四人逮捕判刑，《自由中國》雜誌停刊，此即震驚中外的雷震案。

　　雷震案為何發生？可以說是眾說紛紜，莫衷一是。或以為與雷震組織反對黨有關，或以為其主張反攻無望論而惹禍，也有說雷震拒絕與蔣交換條件，更有說因反對蔣介石

141

胡適支持雷震《自由中國》發行

雷震檔案公開出版，使雷案真相大白

連任總統，雷震想當行政院長，甚至有認為雷震拒絕以《自由中國》交換駐日大使條件等，這些繪聲繪影說法，有的根本是無稽之談，可不予置評，其真正原因，如果有官方的檔案說明，問題將會撥雲見日，真相大白。最近《雷震案史料彙編》出版，將有助於吾人瞭解雷震案的來龍去脈。

一樁精心策劃的政治迫害事件

雷震在民國四十九年九月四日被捕，但官方在此之前如何策劃作業，其蒐證構陷入罪的過程，則不得而知；這一樁臺灣史上有名的政治迫害事件，官方史料係由最近國史館首次公布的檔案，再與過去出版私人資料為主的《雷震全集》對讀之下，雷震案的始末可以說是最完整的披露。

臺灣由一黨獨大的政權，到反對黨成立，以及反對黨贏得選舉勝利，民主進步黨取得執政，結束國民黨的威權統治，順利完成政權和平轉移，使臺灣

步入現代民主政治的新頁，無疑地，雷震是居於最關鍵性的人物之一。研究雷震對臺灣民主政治的貢獻，不能不提民國四十九年九月四日震驚中外的雷震案，而雷震案是一樁有預謀、有精心策劃的政治迫害事件，自一九八九年傅正主編《雷震全集》陸續出版之後，已是學界認同的共識，不過，沒有官方資料的直接證明，終究不易得知當時決策當局如何整肅異己的紀錄。如今國史館選擇在九月四日《雷震案史料彙編》新書出版發表會，總統、副總統以及當年與雷震共同奮鬥的馬之驌、高玉樹等人均出席，其為雷震平反的象徵意義可見一斑。

胡適支持雷震「自由中國」為台灣
民主改革奠下根基

（1）官方對《自由中國》發表言論的密切關注

根據國史館《雷震案史料彙編》公佈的檔案，吾人可以得知，至少早在民國四十七年九月二十四日即由警備總司令部軍法處奉批，就同年九月二十日政治部簽請關於《自由中國》的內容，以

為「殊多影響民心士氣」，並指出過去該刊曾有文章，「論調荒謬，煽動知識份子反政府，出賣國家主權」，「破壞反共團結，違反反共抗俄國策，乃係有計劃之政治顛覆陰謀等」，簽稿研析《自由中國》言論是否足為科刑論罪的基礎，並提出建議：

設欲從除惡務盡之角度著眼，尚須加緊蒐集幕後人指使教唆之佐證。倘求此而不可得，則能否因其便利或促成犯罪之理由，視為幫助犯，猶待從長研究。

至於海內外視聽如何，也有初步的考慮：

本案一旦開始處理，牽涉較多，影響必大，海內外各種政治上、輿論上以及其他可能引起之後果等因素，似應仍請政治部第二處等有關單位先為考量，俾資妥填。

由此可見，官方對於雷震案工於精心策劃，在此得到了初步佐證。

一個月後，民國四十七年十月三十一日，臺灣警備總司令部首腦黃杰以極機密簽呈『擬即依懲治叛亂條例第七條戡亂時期檢來匪諜條例第六條之規定，由本部將雷震依法逮捕究辦』，在這份簽呈的附件二所列『自由中國半月刊評選共匪言論綜合分析表』，可以明顯看出時間自民國四十六年元月至民國四十七年九月止，《自由中國》發表有五百四十七篇的文章，並有統計數字分析說明：

其中論及共匪者僅十七篇，僅占全部文字百分之三，其中真正含有反共意義者僅有二短篇，不足全部千分之三，反之，其假借評論共匪而攻擊政府者則有四篇，其立場模糊，涉有為匪宣傳之嫌者則有七篇之多，……

換言之，《自由中國》言論受到
關注，政府決策當局將雷震定性「涉有
為匪宣傳之嫌者」，已是極顯然，往後
都是循此方針蒐證，作為入罪刑責的依
據。

「自由中國」半月刊言論研究分析表

（2）策劃逮捕行動蒐證時期

有了前述密切關注《自由中國》
發表的言論，必然要採取進一步的行
動。民國四十八年一月二十三日『臺灣

胡適（二排中）、殷海光（後排右二）、雷震（後排右四），在自由中國社成立九週年紀念
會上合影。

雷震在上午八時十分進入
「精華印書館」的監視照片

警備總部保安處函送軍法處有關雷震
監視照片的機密文件

警備總司令部軍法處公務處理通知單』（48）判田字第○○一號，其中有所謂「田雨」專案，即是指雷震與《自由中國》雜誌社的整肅行動。由這份『公務處理通知單』，不難看出情況處於「蒐集資料」階段，離實際逮捕行動尚未達成熟。其打擊層面，除了雜誌社務相關人員之外，撰文作者亦擬一網打盡，無所遺漏。

綜觀民國四十八年三月十九日（缺簽呈）、四月十八日、六月三日、六月二十二日、七月九日、九月十九日、十月七日、十月三十日、十一月四日、十二月五日、十二月二十五日，頁85不詳日期（又缺簽呈），民國四十九年二月八日、三月十二日、四月四日（缺簽呈）、五月四日（缺簽呈）、五月十八日（缺簽呈）的檔案，都是關於《自由中國》雜誌社發表言論的分析報告，在如此平均每個月一次的例行簽報分析表，除了民國四十九年五月十八日提及第廿二卷第十期〈給雷震先生的一封公開信〉一文，簽下「其影響所及，

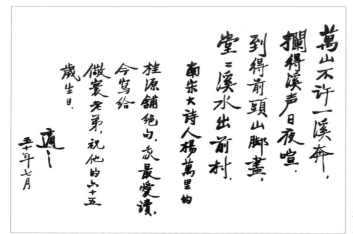

胡適寫下南宋楊萬里〈桂源舖絕句〉，祝賀雷震65歲生日。

不僅與叛徒有利，亦足搖動人心，顯有觸犯懲治叛亂條例第六條第七條之罪嫌」之外，其餘均是「歸納各篇文字主旨，不外攻訐黨與政府顢頂無能，並製造軍隊與政府間之裂痕，及人民對於政府之離心傾向，其詞冠冕而用心至為險惡，惟其行文均有相當分際，不易構成罪名」，或「雖一時尚不能繩之以法，仍應加以切實注意」等類似的分析批註語。顯然地，如此漫長而有系統的蒐證工作，檔案所顯示是否可以繩之法律刑責，證據尚是非常薄弱，要動手抓人還是有所顧忌的。

策劃逮捕雷震的「田雨」專案假作業

147

雖然如此，「剪除異己」、「除惡務盡」目標乃勢在必行。

（3）執行逮捕行動模擬時期

由檔案顯示，到了民國四十九年五月下旬，蒐證工作已完成了階段任務，「田雨」專案進入執行逮捕行動的模擬時期，打算三個月內完成逮捕行動。

由民國四十九年五月廿一日臺灣警備總司令部政治部發函軍法處列為「支流專案」的檢討建議綱要，可以看出處理之時機已屆成熟階段，逮捕行動已經提出議程表，為期不遠了。

同年五月廿六日臺灣警備總司令部政治部再發函軍法處云「自由中國半月刊言論反動問題亦為本部難以處理一個困擾問題，惟上級已有對策與處理辦法」，「對此問題，必須深加研究擬定處理措施」。同年六月二日臺灣警備總司令部軍法處簽呈明白說「應行作業之『田雨』專案起訴書假作業，經已研擬完竣，隨簽附呈，其中證據部份，擬請保安處積極進行蒐集，以資充實」。由此起訴書假作業構想，依不同範圍分為甲、乙兩案，其中點名「XX大學教授殷某」，即是指臺灣大學殷海光教授；而作業書中的「田雨」，即雷震，才是「為本案主要目標，不能使其逃脫責任」，其餘不過打擊層面有範圍大小之別而已。

執行雷案幕僚分為四個小組，即思想戰鬥、聯戰運用、法律研究、安全調查，分別以代號依次賦予七二〇一、七二〇二、七二〇三、七二〇四等四個化名。各個小組工作分配極為細膩而系統。試以六月七日的檔案為例，動員組織的人力有「中六組、王師凱先生辦公

室、總政治部、情報局、調查局、警備總部、國家安全局等單位」，雖沒有顯示人員的具體數字，但勞師動眾的單位達七個之多，足見逮捕雷震等四人的組織是何等龐大！

更駭人聽聞的，檔案也顯示此時雷案進入高度嚴密層次的策劃，先是有意營造氣氛，在「軍中黨員應適時分發機密學習文件，巧妙的側面的揭發雷等之陰謀與偽裝」，也引導輿論，利用有關報刊「針對雷等荒謬言論，予以批判駁斥文字須含蓄，以誘導社會群眾及部隊官兵對其發生厭惡心理」；接著拉攏國內外友黨與其他分歧份子，以免對雷案聲援；至於當局深知胡適對雷震倡辦《自由中國》從開始就是非常支持的，對雷案也考慮到胡適等人的反應，「研究其利害關係，指出其矛盾所在並加以運用」，「以分化胡適與雷之關係為主」；對於民社黨與青年黨，採取與雷等分化的手段，以及其他報刊「妥善運用以孤立雷等」。至於美國方面的反應，「運用關係使美國務院遠東問題顧

1970年雷震出獄後親至胡適墓園致敬

警備總部對「自由中國」編輯的偵查報告

問費正清等不再同情雷等活動」。

可以説，雷案在事前的蒐證工作、進行中的組織策劃、輿論導向的營造掌握、對雷震友好人士的拉攏疏導，到逮捕之後的國際各種可能動向，均有了面面俱到、「瞭若指掌」的把握，説是布下了天羅地網亦不為過。

所有工作佈置，大致上在七月初完成，接下來抓人只是早晚的問題，「如遇有利時機，隨時行動」。

（4）執行逮捕行動到案

九月四日，《自由中國》半月刊發行人雷震、編輯傅正、經理馬之驌及國史館人事主任劉子英等四人以「涉嫌叛亂罪」，被逮捕究辦，同時住處亦被搜索。

臺灣警備總司令部陸軍一級上將黃杰在九月四日當天呈報國防部，寫下九點二十五分「依法將該雷震逮捕到案，並將與雷震有關亦涉有叛亂嫌疑之該社編輯傅正、經理馬之驌及國史館人事室主任劉子英等三名一併逮捕究辦」，

至此,「田雨」專案執行逮捕雷震等到
案,完成作業。

(5)各種狀況監視與沙盤推演

提醒讀者注意的,前述民國四十七
年九月二十四日的簽呈即言「本案一旦
開始處理,牽涉較多,影響必大,海內
外各種政治上、輿論上以及其他可能引
起之後果等因素,似應仍請政治部第二
處等有關單位先為考量,俾資妥慎」,
所以以下各種狀況沙盤推演,早就列入
考量,並非逮捕雷震之後才策劃的。

雷震等被捕後各方面反應情況,當
局時時刻刻密切觀察注意,由九月十日
特檢處以超高效率向上呈報的一份『雷
案等被捕後各方面反應情況報告』,可
以看出涵蓋的對象,包括有外國記者報
導方面、民青兩黨方面、學術界人士方
面、國內外輿論方面、華府人事方面、
反黨反政府分歧份子方面;同時,對於
信件、電報等郵電檢查也非常嚴密,這
份報告書所反映的發件時間、發件人與
收件人的姓名地址、談論內容與雷案相

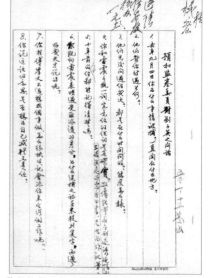

警備總部沙盤演練對國史館人事主任的問話

關摘要，都一五一十詳列說明。雷案宣判後，監察院委員調查的報導發向國外美聯社、法新社譯電檔，也受到特檢處的攔截檢查。

由此可覘，以國家安全名義為由，人民通訊的隱私權在執行雷案之下，受到多麼嚴重的侵犯。至於雷震本人的信件、文稿被查扣，那就更不必說了。

雷案審判前後的輿論動向，十月二日至十月八日由郵電檢查蒐集各方反映的情報，其細節與前述類似，就不再贅述了。至於監察院調查雷案可能結果之剖析，以及預擬監察委員對劉子英之問話可以見到幾種情形，相關執行單位均有防範與應對措施。詳以下「（七）監察院調查的困境」節。

（6）審判前蔣介石至少六次指示處置雷案

檔案資料顯示，蔣介石在審判前至少有六次直接指示處置雷震案，尤其最後一次定性雷震刑期不得少於十年、《自由中國》撤銷其登記、覆判不能變更初審判決，成為雷案十年冤獄結局。茲將蔣介石六次親自出席開會指示辦理雷案要點擷要如下：

第一次　九月十六日上午十一時在總統府開會商討雷案，「副總統說本案與匪統戰有關，你們要注意，而且要辦得迅速」，「劉子英通信方法決不如此簡單，要追問」，「傅正有匪黨嫌疑，要好好追問」，「香港方面之證據要取來」，「告訴國防部不許辦理新的律師登記」。

第二次　九月二十日上午十一時在陽明山國防研究院後面辦公室，「傅正僅祇兩篇文章，以懲治叛亂條例第七條起

訴，恐怕力量不夠，不能使人心服」，「雷震、劉子英部分要平穩、確實，法律上尤要站得住」，審判需要「一個月時間太長，要儘速辦理」。

第三次　九月廿二日下午五時在陽明山官邸，「審判要多少時間，務須儘速進行」。

第四次　十月四日，「大家很辛苦，這件案子要很穩妥的完備的做好，對社會對國家都有很好的貢獻，今後要繼續努力，為軍法爭榮譽，好好的去做」。

第五次　十月六日下午八時卅分在士林官邸，「初審與覆判必須溝通意見，取得協調立場一致，希迅即另行再提一案以備抉擇」。

第六次　十月八日上午十一時在總統府，「雷之刑期不得少於十年」、「《自由中國》半月刊一定要能撤銷其登記」、「覆判不能變更初審判決」。

看到了這些原始檔案資料，我們終於恍然大悟：在蔣介石一人獨裁之下，至少六次親自主持雷案的會議，一切都在「指示」下辦理，可以說，蔣介石是雷案的審判官。其中第

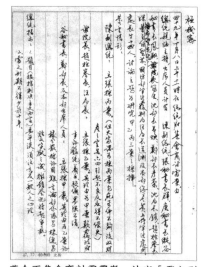

蔣介石集會商討雷震案，決定「雷之刑期不得少於十年」

四次（十月四日）的會議，係在雷案開庭（十月三日）次日即召開的，以瞭解當天情況的簡報，足見蔣介石對各個重要環節發展，是毫不含糊的；檔案也顯示，幕僚不乏開明人士的顧慮，如第五次（十月六日）的會議，時為秘書長谷鳳翔就說，「第一知匪不報證據薄弱，第二恐貽文字獄之議」，可見國民黨要員心知肚明欲整肅雷震的做法，在法律上是站不住腳的。可是在「總統指示」之下，哪裡管得著合法不合法，只能一味蠻幹硬幹到底。這是蔣介石在臺灣獨裁統治下，迫害異己的一幕赤裸裸血腥紀錄，尤其第一次在會議上說「副總統說本案與匪統戰有關」的話，欲行一己獨斷而必為遁詞以掩飾，尤顯欲蓋彌彰。歷史的陰暗死角，最終仍會燭見洞悉，水落石出，真相大白。

（7）監察院調查的困境

在國民黨「總統指示」，軍方單位配合演出，可以說是天衣無縫、滴水不漏，監察院對雷案調查只是徒具「形式主義與官僚政治」，辛辛苦苦白忙一場而已，又能奈何？

監察院調查雷案，可能進行的步驟，由『雷案調查問答十則』及『雷案調查問答十四則』的內容觀之，執行單位是有充分防備與演練，調查工作不可能有任何突破的進展，也就可以思過半矣。再者，軍方視監察委員調查為異端，由『關於檢察院調查雷案之剖析』檔案，可以看出其對監察院的調查是充滿敵意、排斥、不信任的態度，如在檔案〈前言〉所云「但案件既經覆判確定，對於社會上若干疑問，覆判判決已有釋明，茲仍揚言繼續積極展開調查，來意不善，殆可概見」等語觀之，則監察委員會能夠提出客觀公正的調查報告也就

可想而知。檔案『監院專案小組之分析』的報告，則可看出相關單位對監察委員調查有露骨的成見，而劉永濟與陶百川對雷案持同情的態度，但軍方在作業防堵工作，則將二人視為洪水猛獸一般。

除了執行單位的防堵，蔣介石對於監察院的調查，也表現高度的注意，還躬親直接介入。檔案顯示，十二月廿一日午後四時卅分，蔣介石召見黃杰「垂詢」監察院調查進行情形；最離譜的是，檔案也顯示在監察委員（十二月五日）調查之前，「除中央黨部曾多次洽監院之黨團會外，總統亦為此曾召見陶委員一次」，「對雷案本案當無異議」。此外，蔣介石還「諭示」，請立委與參事對劉子英談話，以試探是否可能翻供，「作為能否接受監委調查決策上之參考」，並在十二月廿六日聽取簡報結果，相關人員並預擬監察委員對劉子英問話的試探演練。可以說傾盡所有黨、政、軍組織力量隔離監委的調查，如此情況下，即令有一百個陶百川，也是無濟於事的。

吾人看到報章披露『監察院雷案調查小組報告』的全文，儘管包括有逮捕理由、偵查情形、審判經過、查詢要點、調查意見、處理意見等項，洋洋灑灑數千言的內容，而就其最終的結論，「至雷震等之徒刑或感化處分，業經依法確立」、「本案雖經察有若干瑕疵，然無損於其確定性或既判力」等語觀之，果然是如官方預設模擬，竟演出了一齣戲！往後監察院調查雷案的『糾正案』報告書，與其後續若干簽辦文件，不過是一陣浪花浮光，難以力挽狂瀾。

　　以上各項資料，表明了這樁臺灣政治史上的冤獄案件，從初次簽稿研析《自由中國》言論是否足為科刑論罪的基礎，到雷震等四人被捕為止，前前後後經過近乎兩年的策劃，每個環節與進行步驟，都是有極嚴密的組織，其最高直接主導者是蔣介石，配合執行命令單位是警備司令部軍法處與政治部，終於水落石出，真相大白。雷案預定在十月八日下午五時審判，當天上午十一時，蔣介石還在總統府主持會議，指示「雷之刑期不得少於十年」，可見蔣介石介入雷案之深，連最後一刻都不放鬆。

　　雷震被判刑十年之後，監察院陶百川等委員在國內外輿論的關注下，雖有心營救，但在當時不容許反對勢力生存的政治環境氛圍之下，只能由當局擺佈，可憐是陶百川等人並不知道他們要調查劉子英的種種疑問，竟完全是在軍方沙盤推演下「入其彀中」。觀閱檔案記錄監察院委員調閱文件情形，「陶委員對凡涉及雷震部分，非常注意，一字一句抱頭沉思良久」，再仔細展讀這幕精心策劃雷案冤獄歷程的檔案，不禁令人油然生起陶等被戲弄之感。如今風骨偉岸的陶百川先生已歸返道山，倘地下有知，當是何等滋味在心頭？一般對陶百川的評價，以為在雷震案的調查盡了很大力量，也佩服在當時的獨裁政權下公開撰文聲援，堅持剛正不阿的骨氣，的確是值得尊敬的長者。可是看了這些檔案，卻令人感歎監察院的少數清流，對伸張人間正義的力度竟是如此的單薄，非不為也，是「不能」也。

　　對於這段歷史，傅正主編《雷震全集》已說明了一切，如今官

方檔案首次公佈，使吾人對一個獨裁政權如何動用組織的力量打壓異己，集殘暴、蒙蔽、欺騙於一身的官僚政治，才有了深刻而全面地認識，這種工於機心的羅織伎倆，令人不寒而慄，毛骨悚然！隨著知識水準的普及，社會運動的成熟，輿論監督力量的健全，人民有權選擇執政黨的理念落實，臺灣民主政治已締造了歷史新頁，吾人在享受憲法賦予人民言論、出版、結社集會、容許反對黨等自由之餘，不管執政黨或老百姓，都不該忘記雷案，其所堅持自由民主信念更應念茲在茲，完全實現！

餘論

當雷震被整肅之後，我們看到了執行單位臺灣警備司令部政治部發函總部轉頒『國軍慶祝 總統七秩晉四華誕活動要點』給軍法處，其中拍馬奉承之嘴臉，赫然可見：

奉 總司令黃上將、副總司令部李中將指示：雷案及一年來偵破匪諜案成果呈獻，雷案列於最先，并強調其價值。

蔣介石看到底下的侍奉之臣如此識大體，其「龍心大悅」當可想像。

由前所揭示檔案內容，已經明白告訴世人，雷案是一樁有預謀的政治迫害案件，動員了國家機器的組織力量，對付區區幾個敢說真話的知識份子，而有良心的報刊媒體如《公論報》、英文《中國郵報》、《民主潮》者持論批評審判立場不公，卻遭到當局的注意，最後當局雖採取不予理會的態度，但往後《時與潮》週刊在民國五十二

年四月一日刊出有關雷震在獄中的三篇文字，卻慘遭停刊一年的命運，這也使吾人看到了獨裁政治的嘴臉，不許新聞輿論報導真相，是一刻都不放鬆的。

　　根據傅正的說法，「雷先生在坐牢的整整十年期間，不但撰有三易其稿的四百多萬字回憶錄，而且還有日記」，經過索討，軍方只還了日記（缺民國四十九年九月到十二月的日記），回憶錄則已被焚毀了。現在公佈的《雷震獄中手稿》，僅有日記、書信、回憶錄部份殘存的書稿副本，比較有價值的，是編入附錄的「雷震獄中所撰文稿目錄」，由這份存目不難看出兩大意義：

　　一、反映雷震憂國憂民的情操，雖身繫囹圄，仍不改敢言直語的個性，「雖九死其猶未悔」，一心一意為理想犧牲奉獻精神，是最值得敬佩的！

　　二、雷震獄中十年著述清單首見天日，作為徹底爭取言論自由，留下一段歷史紀錄。然而，吾人不能不感到遺憾者，存目顯示雷震獄中文稿體大思精，是一部可貴的臺灣民主政治發展史，如今只有存目留下，完整原稿則聞說已經被銷毀，徒令人唏噓興歎！

　　以下筆者展讀《雷震案史料彙編》之後，要提出幾項不得其解的疑點。

　　首先，檔案既稱為「選輯」，顧名思義，表示仍然許多沒有選出刊登，是不是還有更關鍵性的檔案有所保留？例如雷震被捕之後，到宣判徒刑之前，短短一個月左右的時間，蔣介石親自主持會議討論雷案至少有六次之多，監察院欲調查之前，蔣介石亦召見了調查委員陶

百川，並請立法院長傳達立法委員「革新俱樂部」的核心成員，「層峰不希望干預雷案事件」，由此種種跡象，說明蔣介石對雷案介入之深；可是在什麼時候下達整肅雷震的命令，檔案卻沒有顯示，合理的推測，應該仍有敏感的檔案沒有一併公佈。

其次，詳細閱讀第一章『案發之前』檔案，可以得到一個通例，即是一紙簽呈之後，往往接著帶有附件『《自由中國》半月刊言論研究分析表』，如民國四十八年六月三日的簽呈檔案即是，但現在公佈的檔案，有的只有『《自由中國》半月刊言論研究分析表』附件，卻少了正文簽呈，如民國四十八年三月十九日、頁85不詳日期的檔案、民國四十九年四月四日、五月四日、五月十八日的檔案，不知道是遺失或是銷毀了簽呈，還是另有其他因原因不列？編者沒有說明讀者就必須設法調閱有無簽呈原件，才能得悉個中消息。

七月七日到九月四日雷震被捕之間，沒有任何簽呈檔案，頗啟人疑竇。以雷案佈置如此完備周詳，筆者以為，仍有不少檔案因種種顧忌而「不便公佈」。例如傳正引述監察院雷案調查小組報告的調查，說警備總部政治部是在八月三日簽請逮捕只是雷震和傳正兩人，交由軍法部究辦，該簽呈於八月三日送到警備總部保安處以後，該處才又增加馬之驌和劉子英兩人，但現在的檔案『雷震等叛亂案偵查經過述要』只說軍法處在八月五日准政治部移送簽呈一件、資料一束附保安處加簽一件，奉總司令黃杰批飭依法拘辦，「於九月三日簽會保安處決定行動」，「九月四日上午先後將雷震、傳中梅拘提到案」云，並不見八月份的簽呈文件，可見尚有不少重要的檔案史料，有待進一步發掘與深入探究。

檔案顯示雷震被捕之後，在九月二十二日深夜發出第三封秘密信件被查扣，而第一封、第二封秘密信件寫於何時？內容為何？必須透過《雷震全集》詳細閱讀，才知第一封是在九月八日上午九時寫給夫人宋英女士，第二封是寫給女兒的，都是一些日常生活瑣事的交代處理，所以沒有被查扣，而這（第三）封秘密信件寫給夫人宋英女士，其中有云「政治解決，除總統外，恐要和經國談談，請注意此點，一切請你決定」，「我無叛亂事情，我絕對不怕，不過今日是不講法律的」，可見雷震自知這不是一件單純的法律案件，有意以政治方式解決，提及蔣介石與蔣經國是關鍵人物，事涉敏感，因此被攔截。過去另有說法，蔣介石、蔣經國父子主導逮捕雷震，但除了這封信之外，由檔案完全看不到蔣經國與雷震案有關。也許不久的將來，蔣經國檔案解密開放，這個傳說才能證實真偽。在沒有任何史料為憑據，任何臆斷都是不足取的。

國家圖書館出版品預行編目

數風流人物：梁啟超、徐志摩、陳獨秀、雷震 / 吳銘能
著. -- 一版. -- 臺北市：秀威資訊科技, 2007[民96]
　　面 ; 公分. --（世紀映像；史地傳記；PC0012）

　ISBN 978-986-6909-46-7（平裝）

　1. 梁啟超 – 傳記　2. 徐志摩 – 傳記　3. 陳獨秀 –
傳記　4. 雷震 – 傳記

782.18　　　　　　　　　　　　　　　　　96004193

世紀映像　史地傳記　PC0012

數風流人物──梁啟超、徐志摩、陳獨秀、雷震

作　　者／吳銘能
主　　編／蔡登山
發 行 人／宋政坤
執行編輯／周沛妤、林世玲
圖文排版／莊芯媚
封面設計／莊芯媚
數位轉譯／徐真玉、沈裕閔
圖書銷售／林怡君
網路服務／徐國晉
法律顧問／毛國樑律師
出版印製／秀威資訊科技股份有限公司
　　　　　台北市內湖區瑞光路583巷25號1樓
　　　　　電話：02-2657-9211　傳真：02-2657-9106
　　　　　E-mail：service@showwe.com.tw
經 銷 商／紅螞蟻圖書有限公司
　　　　　台北市內湖區舊宗路二段121巷28、32號4樓
　　　　　電話：02-2795-3656　傳真：02-2795-4100
　　　　　http://www.e-redant.com

2007 年 4 月　BOD 一版
定價：200元

讀　者　回　函　卡

感謝您購買本書，為提升服務品質，煩請填寫以下問卷，收到您的寶貴意見後，我們會仔細收藏記錄並回贈紀念品，謝謝！

1.您購買的書名：_____

2.您從何得知本書的消息？

　□網路書店　□部落格　□資料庫搜尋　□書訊　□電子報　□書店

　□平面媒體　□ 朋友推薦　□網站推薦 □其他_____

3.您對本書的評價：(請填代號　1.非常滿意 2.滿意 3.尚可 4.再改進)

　封面設計____　版面編排____　內容____　文/譯筆____　價格____

4.讀完書後您覺得：

　□很有收獲　□有收獲　□收獲不多　□沒收獲

5.您會推薦本書給朋友嗎？

　□會　□不會，為什麼？_____

6.其他寶貴的意見：_____

_____

_____

_____

讀者基本資料

姓名：_____　年齡：_____　性別：□女 □男

聯絡電話：_____　E-mail：_____

地址：_____

學歷：□高中(含)以下　　□高中　　□專科學校　　□大學

　　　□研究所(含)以上 □其他_____

職業：□製造業 □金融業 □資訊業 □軍警 □傳播業 □自由業

　　　□服務業 □公務員 □教職　□學生 □其他_____

(請沿線對摺寄回,謝謝!)

秀威與 BOD

BOD（Books On Demand）是數位出版的大趨勢，秀威資訊率先運用 POD 數位印刷設備來生產書籍，並提供作者全程數位出版服務，致使書籍產銷零庫存，知識傳承不絕版，目前已開闢以下書系：

一、BOD　學術著作—專業論述的閱讀延伸
二、BOD　個人著作—分享生命的心路歷程
三、BOD　旅遊著作—個人深度旅遊文學創作
四、BOD　大陸學者—大陸專業學者學術出版
五、POD　獨家經銷—數位產製的代發行書籍

BOD 秀威網路書店：www.showwe.com.tw
政府出版品網路書店：www.govbooks.com.tw

永不絕版的故事・自己寫・永不休止的音符・自己唱